JN311432

ユング伝記のフィクションと真相

Jung Stripped Bare by His Biographers, Even

ソヌ・シャムダサーニ［著］
Sonu Shamdasani
河合俊雄［監訳］
田中康裕
竹中菜苗
小木曽由佳［訳］

創元社

監訳者まえがき

本書は、ユングの『赤の書』の編集者および英訳者として有名になったソヌ・シャムダサーニによる*Jung stripped bare by his biographers, even.*（『伝記作家たちによって裸にさえさせられたユング』）（二〇〇五）の全訳である。付録として関連する論文 "Memories, dreams, omissions"（「思い出、夢、削除」）（一九九五）の訳も付け加え、タイトルを『ユング伝記のフィクションと真相』とした。全体としては、ユングのさまざまな伝記、特にいわゆる『ユング自伝』（本書では『思い出…』と略）に対する批判的な検証となっているけれども、それを通じて、ユングとユングの著作の知られざる側面を浮かび上がらせてくれている。専門書であるけれども、読み物として非常にスリリングで興味深いものになっている。『赤の書』の公刊により再び注目されているユングの生涯にアプローチする際に、留意すべきことを教えてくれる本である。

著者のソヌ・シャムダサーニ（Sonu Shamdasani）は、精神医学史を専門とする歴史学者であって、現在はユニヴァーシティ・カレッジ・ロンドンの医学史センター（Centre for the History of Medicine）の教授である（http://www.ucl.ac.uk/histmed/people/academics/shamdasani）。

シンガポールで生まれ、イギリスで育ったインド・パキスタン系（シンド族）の人である。そのせいか東洋に関心があり、最初に読んだユングの著作が中国の錬金術を扱った『黄金の華の秘密』であるというから驚きである。精神医学史、特にユング心理学に関する学術的に価値ある著作をいくつか書いているが、特に大著『ユングと現代心理学の形成――科学という夢（*Jung and the Making of Modern Psychology: The Dream of a Science*）』（二〇〇三）は非常にすぐれたものであると思われる。深層心理学の成立というのが、ともするとフロイトとユングという傑出した天才たちによる英雄的な偉業のように考えられているのに対して、同じような考え方が、同時代や、少し前の時期の心理学によって準備されてきていたことを丹念に実証している。

本書全体を通じて、いかにさまざまな伝記執筆者によって、ユングの虚像が作られているかが実証されていくことには説得力がある。第1章は、いわゆる『ユング自伝』を扱い、第2章は『ユング全集』の編纂の仕方の問題を扱い、第3章、第4章は、さまざまなユングの伝記を批判的に検討している。特に、ユングを知るためのいわばバイブルのようになっている『ユング自伝』が、実はまったく自伝ではなくて、さまざまな検閲と編集を経ているというのが明らかにされていくのは衝撃的である。まず、ユングがいかに「自伝」というものを嫌っていたかも興味深いし、また現在『ユング自伝』として出版されているものは、あくまでユングの秘書であったアニエラ・ヤッフェによるインタビューに基づく伝記であった。それが、ユングの自伝とし、さらにフロイトと戦って自分の心理学を確立したユングというシナリオを作ったほうが売れるという出版社のもくろみによって、さまざまな編集や削除がなされ、ユングの意図にまったく反して「自伝」として売り出されたという事実が解き明かされていくのには驚くほかない。

残念ながら間接的にしか明らかにならないけれども、「プロトコル」という名称で残っている、ユングがヤッフェに語っていたインタビューの内容は非常に興味深い。「プロトコル」の内容を少しでも多く伝え、また最も読まれている通称『ユング自伝』の問題をより明らかにするために、多少は重複しても、関連する論文である「思い出、夢、削除」を本書に付け加えた次第である。「プロトコル」によると、ユング自身は非常にオープンであったことがわかり、たとえば彼にとってソウル・メイトであり、愛人であったトニー・ヴォルフのことも堂々と語っている。

『ユング全集』の編纂の経緯も、あまり知られていないと思われ、非常に興味深い。現在の『全集』は、そもそも多くの著作を含んでいないし、また編纂の仕方が、まったく文献学の手順を踏んでいない不十分なものであることがよくわかる。チューリッヒのスイス連邦工科大学（ＥＴＨ）におけるユングの講義をはじめとして、多くの未公刊の著作が出版されることが待たれるし、初版からの変遷などがわかる新たな全集の編集も必要であろう。第３章、第４章の、さまざまなユング伝記の扱いは、やや批判や非難が多すぎる印象もあるけれども、心理学にとっての歴史学や文献学の方法論の必要を感じさせてくれる。

翻訳には、Shamdasani, Sonu (2005) *Jung stripped bare by his biographers, even*. London: Karnac. と Shamdasani, Sonu (1995) "Memories, Dreams, Omissions". *Spring*, 57, 115-137. を用いた。序章、第1章、第2章、それに付録を小木曽由佳が訳したものを河合がチェックし、第3章、第4章、終章を竹中菜苗が訳したものを田中康裕がチェックし、さらに最終的に河合が見直した。入稿前に小木曽がもう一度全文を読み直して問題点を挙げて、確認をおこない、また脚注・文献・索引などを整えた。このように翻訳にはチームで取り組んだが、文体などに統一感を出すために、さまざまな工夫をした。まず監訳者の河合がサンプル訳を作り、それに基づいて小木曽と竹中が試訳をし、それを河合がチェックして文体や方針を確認してから下訳にかかってもらった。

このように短い本にもかかわらず、意外と手こずってしまったけれども、本書がユング研究や、またユングの実像を知りたい一般読者の一助になれば幸いである。最後にいつもながら、タイトなスケジュールに合わせていただいた渡辺明美さんをはじめとする、創元社のスタッフに感謝したい。

二〇一一年四月

河合俊雄

謝辞

近年の著書『ユングと現代心理学の形成——科学という夢（*Jung and the Making of Modern Psychology: The Dream of a Science*）』において、私は主に一次資料の研究に基づいて、ユング心理学の構成を心理学、心理療法、人間科学の成立という文脈で探求しようと努めた。そこでは生前のユングの著作の受容という側面を再構築したものの、彼の死後登場したあまりに多くの二次文献については考察していなかった。本書ではこの後者の問いを取り上げるのを、ユングの伝記と彼の仕事の編集の歴史を再現することを通じておこないたい。まずはブレット・カール（Brett Kahr）に感謝したい。彼は本企画をカルナック出版のオリバー・ラスボーン（Oliver Rathbone）に紹介してくれた人物である。オリバーはそれに熱心に応え、企画を支持してくれた。またカルナック出版のリーナ・ハッキネン（Leena Häkkinen）も出版過程を迅速にやり遂げてくれた。彼らにも感謝の意を示したい。さらに、トーニャ・カリー（Tonya Curry）、アラン・エルムス（Alan Elms）、ウルリッヒ・ヘルニィ（Ulrich Hoerni）、マックス・フォーダム（Max Fordham）、故マイケル・フォーダム（Michael Fordham）、エマニュエル・ケネディ

(Emmanuel Kennedy)、アンドレアス・ユング（Andreas Jung)、故フランツ・ユング（Franz Jung)、ペーター・ユング（Peter Jung)、スティーブ・マーティン（Steve Martin)、デイビッド・クエンティン（David Quentin)、ヒメナ・ロエーリ（Ximena Roelli)、そしてグートルーン・スイール（Gudrun Seel）の援助にも感謝する。私の仕事はユングという領域に同時代からの歴史的アプローチを仕掛けようとしてきたものであり、心理学や精神医学、精神分析の歴史に関わる多くの同僚や友人にも助けられた。特に、ミッケル・ボルク゠ヤコブセン（Mikkel Borch-Jacobsen)、エルンスト・ファルツェダー（Ernst Falzeder)、アンジェラ・グラフ゠ノルト（Angela Graf-Nold)、ジョージ・マカリ（George Makari)、リチャード・スキューズ（Richard Skues)、アンソニー・シュタードレン（Anthony Stadlen)、ピーター・スウェールズ（Peter Swales）そしてユージン・テイラー（Eugene Taylor）には、フロイトとユングの歴史に同方向の努力を重ねている点で恩義を感じている。また、ロンドン゠ユニバーシティ゠カレッジ（UCL）・ウェルカムトラスト医学史センター（Wellcome Trust Centre for the History of Medicine）の同僚たちにも感謝したい。彼らは歴史研究の模範例を日常的に絶えず示してくれた。そしてユングの未公刊の書簡からの引用を許可してくれたニーディック・リンダー社とC・G・ユング相続者会（Erbengemeinschaft C. G. Jung)、また彼女とカリー・ベインズ（Cary Baynes）の書簡からの引用を許可してくれたヒメナ・ロエーリ（Ximena Roelli）に感謝する。本書に示した見解の責任は、私個人に存する。

ユング伝記のフィクションと真相＊目次

略記一覧

BA：ボーリンゲン・アーカイブ、アメリカ議会図書館（Bollingen Archive, Library of Congress）

BL：バイネキ図書館、イエール大学（Beineke library, Yale University）

BP：ベインズ文書（Baynes Papers）

CLM：カウントウェイ医学図書館、ハーバード大学医学部（Countway Library of Medicine, Harvard Medical School）

CMAC：現代医学アーカイブ、ウェルカムトラスト医学史・研究図書館、ロンドン（Contemporary Medical Archives, Wellcome Trust Library for the History and Understanding of Medicine, London）

JA：ユングアーカイブス、スイス連邦工科大学（Jung archives, ETH）

LC：アメリカ議会図書館（Library of Congress）

『思い出…』(*Memories*)：『思い出・夢・思想』(*Memories, Dreams, Reflections*)

「プロトコル」(Protocols)：ヤッフェがユングにおこなったインタビューのメモの複製、アメリカ議会図書館・スイス連邦工科大学

RA：ルートリッジ・アーカイブ、レディング大学（Routledge archives, University of Reading）

RZ：ラッシャー・アーカイブ、チューリッヒ中央図書館（Rascher archives, Zentral-bibliothek, Zürich）

ユング伝記のフィクションと真相

Jung Stripped Bare by His Biographers, Even by Sonu Shamdasani
© Sonu Shamdasani 2005

First published by Karnac Books Ltd, London,
Represented by Cathy Miller Foreign Rights Agency, London, England.
Japanese language edition © Sogensha 2011
Japanese translation rights arranged with Karnac Books Ltd
c/o Cathy Miller Foreign Rights Agency, London through Tuttle-Mori Agency, Inc., Tokyo.

"Memories, Dreams, Omissions", Spring 57, pp. 115-137
by Sonu Shamdasani, 1995

本書の日本語版翻訳権は、株式会社創元社がこれを保有する。
本書の一部あるいは全部についていかなる形においても出版社
の許可なくこれを転載することを禁止する。

序章　伝記・フィクション・歴史

「何もそれを妨げなかっただろうに」とユングは言った。「つまりだ――想像してごらん！　男がスプーンで自らの命を絶とうとしているところを。私には恐ろしく絶望的なことのように思える。そんなことは私に何の関係もなかった」

「あなたは彼の機嫌をとった。あなたが彼のジャケットを持った瞬間、彼はあなたを自分の掌中に収めたのを知った。私は絶望する。これはあなたがブラヴィンスカヤにしたことだ。あなたは月の不思議について褒め称えた。それはあなたが犬男に対してやったことだ。あなたは彼の世話係が彼に鎖をつけて散歩させるのを認めた。また、あなたは想像上のペンを持つ男に、彼が書いた作品は今まで読んだなかで最も美しいと思った！　と話した。私はあなたが彼らを連れ戻したくはないのだと断言する。彼らを自分たちの夢の中に立ち往生させておきたいのだ！」

ユングは事務所に戻り、銀色の額縁に入った写真を指で示した。そこには喪に服しているらしい女性が写っていた――視線を落として俯き、黒いロザリオとドレスを身につけた女性が。

「違うんだ」と彼は言った。「彼らを夢の中に置き去りにしたいわけではない。それでも、誰かが彼らにその夢は現実だと教えなくてはならない」。そして彼は付け加えた。「悪夢もね」

「それらは現実ではない。それらはそれそのもの――狂気の現れだ」

「月は現実だ」とユングは言った。「犬の生活も現実だ。想像された言葉は現実なのだ。彼らがそれらのものを信じているのだとしたら、我々はそうしなければならない……少なくとも我々が彼らの言葉が話せるようになり、彼らの声が聞けるようになるまで」

ユングとフルトヴェングラー博士との間のこの会話は実際に交わされたものではな

い。犬男、想像上のペンを持った男、ブラヴィンスカヤなどの患者たちも、フルトヴェングラー博士自身も存在したことがなかった。この会話は、ティモシー・フィンドリー（Timothy Findlay）の小説『ピルグリム（*Pilgrim*）』の中のものである。この小説は、決して死ぬことのできない「ピルグリム」という男が、一九一二年にブルクヘルツリ病院に移されたときにユングと出会ったという架空のやり取りを描いている。[1] 実際のところユングは一九〇九年にブルクヘルツリ病院を去ったけれども、もしもそのようなことが起こったならばという奇抜な思いつきによって、ユングは「ピルグリム」のような途方もない運命にどのように反応しただろうかと、フィンドリーは想像することができたのである。自分の話に肉付けするために、フィンドリーはユングに関する歴史的な情報をもとに描いていて、それを自分のファンタジーと織り交ぜている。起こったことのないシーンを自由に造りだしているにもかかわらず、先の話のようにファンタジーの心的現実性や妄想を真剣に受けとめることの重要性などユングの歴史的な主張を入れることで、そのいくつかは多少とももっともらしく思えるかもしれない。小説の文脈からすると、そのように念入りに造り上げることはまったく正当なことである。しかし歴史というのは小説とはかなり異なる企てである。

　フィンドリーの小説は、ユングを架空の文脈で描いている最初のものでもなければ、最後の作品にもなりそうにない。これほどまでフィクションを引きつけるのは、ユングのどういうところであろうか。どうしてユングは小説家や脚本家の興味を引きつけ

1　Findlay, 1999, p. 57.

るのであろうか。これらの問いに対する一つの答えは、現代におけるユングのイメージの可塑性に見出されるかもしれない。文化的なディスクールでは、ユングの名前は、多くの文化的、宗教的、政治的、心理学的な事柄を意味するある種の略称としてしばしば引き合いに出されている。明らかにユングを指し示しているように思われる議論をよく調べてみると、歴史的事実との関連が乏しいということがあるかもしれない。

この結果として、われわれは今日において、深刻な状況に直面している。目下のところ、ユングに関する多数の文献に多く含まれている神話、虚構、誤謬のために、広い領域の人々がユングについての虚構の話と歴史的な人物像との間の区別ができないのである。警戒すべきことに、専門のユング派たちもこのことの影響から免れているわけではない。ユングに関する歴史的、伝記的情報が不足していることと、多くの草稿、セミナー、書簡がいまだに未刊のままになっているというあまり十分に認識されていない事実とが、この状況に輪をかけている。

こうした状況はどのようにして生じ、またこれを改善するためには何ができるだろうか。一つの答えは、ユングの生涯の伝記的記述を提供する試みの歴史を辿り、それらがどれほど成功してきたかを評価することを通して見出されるだろう。その前に、われわれはユングがいかに理解されてきたかという一般的な状況をいくらか検討しておいてもよいだろう。

フロイトとユングは、一般的に心理療法と現代の深層心理学の創始者と見なされてきた。そうした観点からすると、これらの領域の性質が独特の見方をされることになる。すなわち、心理療法と深層心理学は、西洋の思想や社会における複雑な発展の中から登場して、多くの学問分野に及び、多くの人物に関係した学問として見られるよりはむしろ、フロイトとユングによる単独の創造物として見られてきたのである。逆にこのような心理療法の創造神話は、まさにこれらの分野のアイデンティティを正当化するという重要な機能を果たしてきた。

この数十年間、多くの学者たちがこれらの学問分野の創成についてまったく異なる解釈を提出してきた。先ごろ、私はユング心理学の創成に関する新しい解釈を示したが、それは、現代心理学と心理療法の始まりの持つ諸側面についての新しい解釈ともつながったものである。[2] この仕事は、「ユング伝説」とも呼ぶべきものに対する挑戦であった。そのユング伝説の重要な側面は、以下のように要約できるだろう。フロイトが心理療法の創始者であること。ユングはフロイトの弟子であり、彼から着想を得たこと。仕事の創成にあたってユングにとって最も重要だった二人の人物はフロイトとシュピールライン（Sabina Spielrein）だったこと。フロイトとの決別後、ユングは虚脱状態に陥り、そこから分析心理学が誕生したこと。この「無意識との対決」の間に、彼が集合的無意識や元型、個性化といった概念を発見した（あるいは発明した）こと。分析心理学は精神分析を修正したものであること。ユングが自伝を書き、それが彼の人生や仕事に関する主な情報源として受け取られてきたこと。そして、分析心理学は

2　拙著（Shamdasani, 2003）。

今日、直接にユングから由来しており、また、確かに彼によって創設されたものであるということ。

こうした形をとることで、ユング伝説は「フロイト伝説」と呼ばれてきたものにいくぶん貢献している。その主な要素は、以下のような主張から成り立っている。すなわち、精神分析は二〇世紀の社会に広く影響を与え、社会的生活における広範な変容をもたらしたこと。フロイトが無意識を発見したこと。フロイトが初めて夢を研究し、その意味を発見したということ。フロイトが初めて性について研究をおこない、小児性欲を発見し、その発見が、ヴィクトリア朝的な抑圧のために非難の嵐を巻き起こしたこと。フロイトが現代の心理療法を発明し、精神分析は心理療法の最も進んだ形態であったこと。これらの発見が彼の自己分析と患者たちの観察に基づいていたこと。過去四〇年間のフロイト研究において、フロイトの歴史研究者たちによる批判的な調査のもとで、こうした伝説は死を遂げた。しかし、世間的な言説においては、伝説はいまだに何かしら生き続けているのである[3]。

これらの伝説のために、知の歴史は「大人物」による歴史の見方にまとめられてしまい、精神分析と分析心理学の歴史は単独の天才たちの間の戦いへと還元されてしまうことになった。一方では、これらの伝説は根本的な脱歴史化の機能を果たす。つまり、フロイトとユングは、普遍的な理論の創設者として、社会的・知的文脈から隔絶されていることになる。他方では、これらの伝説は現代の言説を正当化するのに役立

3　フロイト伝説については、Henri Ellenberger, 1970a, pp. 547-548; Frank Sulloway, 1979, pp. 489-495. また、ミッケル・ボルク－ヤコブセンと筆者の近刊［訳注：本書の出版後、二〇〇六年に仏語で出版された（Borch-Jacobsen & Shamdasani, 2006）。］を参照のこと。

ち、また都合のよい創造神話としての機能を果たす。それゆえ、フロイトとユングの名は、彼ら独自のものとは必然的なつながりを持たないような概念や実践を権威づけるために、しばしば持ち出されるのである。

またこれらの伝説の成功は、二つの独特の思考法にも助けられてきた。一つ目は、ミッケル・ボルク＝ヤコブセン（Mikkel Borch-Jacobsen）と私が、「解釈の事実化（interprefaction）」と呼んできたものであり、精神分析的思考の鍵となる特徴を示している。解釈の事実化とは、解釈や構成が事実として見なされるような方法のことを意味する。解釈が優先されると、証拠の必要性は減少する。一部には精神分析的思考の影響のおかげで、伝記において解釈の事実化が決定的な役割を演ずるようになり、曖昧な形での心理学的伝記が生み出されるのにつながった。そうした著書においては、歴史的記録は、心理力動的なモデルに基づいた物語へと織り込まれてしまう。精神分析的解釈は、歴史的記録の隙間を埋め、それが障害物や出来事、事件と出会うようなところは、前もって与えられた枠組みに当てはまるように単に再度意味づけられる。何でも別の何かの代わりになりうるというような一連の象徴的等価性を通して意味づけ直される。人生の筋書きは、既成の、出来合いの理論によって補塡されるのである。

二つ目の思考様式は、主観主義的な真理概念に価値を置くものである。そこでは、それぞれの個人が「独自の」フロイトやユングを持っているとされる。そしてこれが「心的現実」であり、他の誰かにとってのフロイトやユングと同じだけの妥当性を持つものと考えられる。これの少し異なる形は、ポスト構造主義者の思潮による怪しい読み方に由来するラディカルな観点主義（perspectivalism）ともつながるものである。[4]しかしそのような考え方が心理療法においてどんなに有効であったとしても、これを歴史に当てはめるとなると有害な結果をもたらす。歴史的人物としてのフロイトとユングは消し去られるようになり、彼らについて何でも好きなことを言うことができるようになる。すべての観点が同レベルの意見として扱われ、学問としての歴史は否定されてしまう。

こうした文脈では、伝記が特別な役割を果たすことになる。「我々は伝記の文化に突入した」とジャスティン・キャプラン（Justin Kaplan）は一九九四年に指摘し、「伝記の過剰供給状態」を「死体泥棒の侵略」になぞらえている。[5]

科学伝記の新刊の序論で、マイケル・ショートランド（Michael Shortland）とリチャード・ヨー（Richard Yeo）はあるパラドックスを指摘している。つまり我々が「伝記の時代」におり、また調査によれば、イギリスでは伝記がノンフィクションの最もポピュラーな表現形式になっているのに、伝記はなおも「現代書かれたもののなかで最も研究がなされていない形式」の一つなのである。[6]彼らの論じる二つの争点は、歴史特有の問題を示している。それは、伝記と小説の違いが侵食されていること、そして多くの伝記作家がいかに歴史家の仕事に基づいていないか、という点である。[7]それゆえ一般大衆にとっては、歴史家よりも伝記作家によって歴史的展望が作られやすいと

4　たとえば、Christopher Hauke, 2000; Susan Rowland, 1999, 2002 など。
5　Justin Kaplan, 1994, pp. 1, 8.
6　Shortland and Yeo, 1996, p. 1.
7　*Ibid.*, pp. 3-4.

いうことになる。

これはフロイトとユングの場合にとりわけ顕著である。彼ら自身の著作の広大な拡がりと彼らに関する二次文献の山を前にして、人は彼らの人生や仕事を理解する鍵を提供するような伝記に頼る。ユングの伝記の新刊は——ユングの著作の新刊とは違って——新聞や雑誌で広く論評され、またユングの著作以上に売れている。このようなわけで、そうした伝記が彼の仕事の公的な受容や評価を形作るのに決定的な役割を演じている時代に我々は生きている。それゆえ、現代のユング像は他のどんなジャンルよりも伝記に多くを負っていることになる。このような文脈では、伝記が歴史的に正確であることがいっそう重要である。

ユングの場合、彼の著作のいくつかが難解であることが伝記の魅力を増大させている。一九四六年、彼はウィルフレッド・レイ（Wilfred Lay）への手紙に次のように書いている。

あなたは私の意図を本当にわかってくださっています。私の「衒学的な」スタイルのことも。実は、愚かな人々ならびっくりして怯えてしまい、真の学者と探求者のみが読むのを楽しめるようなやり方で書くことこそ私の狙いだったのです。[8]

したがってユングの伝記は、彼の仕事をとりわけ一般の読者にとって近づきやすい

8　一九四六年四月二〇日。Adler, 1973, p. 425.

ものにすることを請合っているというわけである。

心理学者の伝記はまた、彼らを人間味あるものにすることにも役立っている。ありふれた日々の行動の詳細や「あまりに人間的な」出来事が彼らを身近なものにし、彼らが獲得してきた実際より大きく神話化された地位とのギャップを埋める機能を果たす。心理学者たちは今までにない生活様式を提示してきたので、彼らがいかに生きて、その独自の心理学を体現してきたのかを知るために、彼らの人生を調べたくなる。また彼ら固有の特異な性質が、どれほどその心理学を形成するのに関わったかも知りたくなる。このように、伝記は彼らの仕事を評価するための道具として決定的な役割を演じ、非公式な形での「心理学評論」としての機能を果たしているのである。

心理学者の伝記では、伝記作家が心理学的解釈を公式あるいは非公式な様式で用いることがしばしば特別に問題となる。心理学の特定の学派の教条や伝記作家によるお手製の心理学は、あまりにしばしば性格や動機づけに対する普遍的な説明であると見なされ、それが心理学者の性格や動機を問題にするよりも上回ってしまっているのである。したがって、伝記はすでに存在する特定の解釈や観点、偏見を人生の物語へと埋め込むことによって、それらを正当化する役割を果たすことがある。

このように「人生」というジャンルは、ユングの特定の読解を永久不変のものにするような枠組みを提供する。そうした考え方は、多面的な仕事を評価するという、複雑な仕事を避けて通る危険を犯している。心理学の創成についての説明を得るために伝記に頼ることによって、伝記は代用的な偽の歴史となる。したがって、精神医学や心理学、心理療法、人間科学、比較宗教、神学などとの関係からユングの仕事を評価するよりはむしろ、現実のあるいは想像された状況におけるユングの個人的な行いに関する見解が、あまりに簡単に判断のための最終地点となってしまう。[9]

半世紀にわたって、多くのユング伝記が登場してきた。ユングの伝記はこうして自分たち専用の学問の下位分類を形作っているのである。しかし、それらは我々を本質的に歴史的なユングにより近づけたのだろうか。これらのうちのいずれかでも決定的なものと主張することができるのだろうか。それらの間で矛盾している説明をどのように考えればよいのだろうか。本書の仕事は、これらの問いを扱おうとするものである。まずは伝記や自伝に関するユングの見解を考察するところから始め、続いてルーシー・ヘイヤー（Lucy Heyer）、E・A・ベネット（E. A. Bennet）、そしてアニエラ・ヤッフェ（Aniela Jaffé）による生前のユング伝記制作について描くことを試みる。次に『ユング全集（*Collected Works*）』の出版の変転を追い、これが後のユングに関する伝記や著書に対して及ぼすことになった思いもよらない影響を示す。〔そして〕バーバラ・ハナー（Barbara Hannah）、ヴィンセント・ブローム（Vincent Brome）、ジーン・ナムチェ（Gene Nameche）とR・D・レイン（R. D. Laing）、ポール・スターン（Paul Stern）、ゲルハルト・ヴェーア（Gerhard Wehr）、フランク・マクリン（Frank McLynn）、ロナルド・ハイマン（Ronald Hayman）、そしてデアドラ・ベア（Deirdre Bair）による伝記的な研究

9　このことは『道徳の系譜』におけるニーチェの警告と対比できるかもしれない。「人はできる限り芸術家とその仕事とを分けるべきである。芸術家本人を、その仕事ほど真剣に受け取ってはいけないのだ。結局のところ、彼はその仕事の必要条件、子宮、土壌、時にはその上に、その外へと仕事が伸び育つような肥やしや肥料に過ぎず――したがって多くの場合、作品それ自体を楽しみたいのなら忘れなければならないような何かでしかないのである」（Nietzsche,1887,II,4）。

について考察する。そして最後にこう問いかける。ユングはどれだけ多くの死後の生を生きねばならなかったかと。

第1章
「いかに獲物を捕まえるか」
——ユングと彼の最初の伝記作家たち

現代心理学や精神医学、心理療法の歴史上、数ある著名人が回想録あるいは自伝を書いている。たとえば、オーグスト・フォーレル（Auguste Forel）、スタンリー・ホール（Stanley Hall）、エミール・クレペリン（Emil Kraepelin）、またヴィルヘルム・ヴント（Wilhelm Wundt）などが挙げられる。精神分析の領域でも、フロイトやアーネスト・ジョーンズ（Ernest Jones）、ヴィルヘルム・シュテッケル（Wilhelm Stekel）が自伝的作品を出版している。一九三〇年代、アメリカの心理学者カール・マルチソン（Carl Murchison）が『自伝に見る心理学史（*A History of Psychology in Autography*）』と題した数巻本を編集し、そこで彼はエドゥアール・クラパレード（Édouard Claparède）、ピエール・ジャネ（Pierre Janet）、ウィリアム・マクドゥーガル（William Mcdougall）、ジャン・ピアジェ（Jean Piaget）、ウィリアム・スターン（William Stern）、J・B・ワトソン（J. B.

Watson）その他多くの重要な心理学者たちに自伝を寄稿してもらうことに成功した。マルチソンは本の冒頭に以下のように注記している。「近年の心理学史の著者は、特定の個人の科学的発展に関する事実を、彼ら本人からしか得ることができないということに気づいた[10]」と。このようにして、心理学史が可能になるためには、ある種の伝記的研究が不可避なものとなった。別の見方をすればこの記述は、心理学者たちが自らの仕事の創成に関する説明を確立し、また自らの歴史的重要性への評価を促進し、さらにライバルや競争相手への恨みを晴らすための重要な道具として、いかに自らの人生物語を利用しえたかを示していることになる。そうした自伝は同時に、彼らの仕事の創成に関する偏りのない歴史的記述を確立するというすべての試みに対して手ごわい障害となったのである。

　このような状況のもと、ユングの人生物語にも早くから多大な関心が寄せられていた[11]。彼がその一端を人前で最も詳細に表現することになったのは、一九二五年にチューリッヒの心理学クラブで開かれたセミナーでのことだった。このセミナーの記録は、カリー・デ・アングロ（Cary de Angulo）（後のベインズ〔Baynes〕）が書き留めている[12]。ユングはセミナーの始めに、聴衆に向けて次のように述べた。「無意識の問題に初めて関心を持つようになったとき以来の私自身の考えの発展について、簡単に述べてみたいと思います[13]」。この発言は、ユングの考え方を要約している。つまり、彼の関心は自らの考えの発展を説明することにあり、それを明らかにする限りにおいて自らの

10　Murchison, 1930a/1960, p. ix. マルチソンはユングにこの本の話を持ちかけてはいないが、彼の『一九三〇年代の心理学（*Psychologies of 1930*）』（Murchson, 1930b）に寄稿するようユングに求めたことがあった。ユングはこれを辞退し、代わりに助手のH・G・ベインズ（H.G. Baynes）を勧めている（一九二八年一一月二日付のマルチソンからユング宛の手紙。Jung archives, ETH.〔以下、JA〕）

11　本章は拙著（Shamdasani, 1995 および 2000）に示した資料を引いている。その後のいくつかのセミナーとは違い、これらにはユングによるチェックが入っており、信頼に足るものと見なすことができる。

12　一九二五年一〇月一九日、ユングはカリー・デ・アングロに次のように書き送っている。「見ていただければわかるように、記録に誠実に目を通しました。記録は全体としてかなり正確なものだと思います。特定のいくつかの講義は流れるようでさえあります。つまり、そこでは、あなたが自分のリビドーが湧き出るのを抑えることができなかったということなのでしょ

個人的な経験について語る、ということである。同時に、ユングは自分が述べていないことについても解き明かしている。心理学的タイプ論についての仕事の発端について語るなかで、彼は次のようにコメントした。

ここまでが、タイプに関する私の本の発展を外から描写したものです。これが、あの本が登場して、出来上がり、終わっていった仕方だと言ってまったく差し支えないでしょう。しかし、別の側面があります。間違って迷走したり、不純な思考があったり、などなど、それらを公にするのは男性にとって常に難しいものなのです。男というものは、方向づけられた思考の産物を完成した形で人に見せ、それがそのような形で、弱さとは無縁に彼の精神から生まれ出たのだと思わせることを好みます。思考する男性の知的生活に対する態度は、女性のエロス的生活に対する態度とかなり類似しているのです。

ある女性に、結婚した男性についてこう尋ねるとします。「どうして彼と結婚することになったのですか?」と。すると彼女はこう言うでしょう。「彼と出会い、彼を愛した、それだけよ」と。彼女は細心の注意を払って些末な事もすっかり隠し、彼女が巻き込まれていたかもしれない状況には目をつぶって、あなたに順調さという無敵の完全性を見せることでしょう。自分の犯したエロス的な過ちについてはとりわけ隠すものです……

う」(原文英語。Bayness Papers.〔以下、BP〕。その他、断りのない場合は、未公刊のユングの書簡はドイツ語で書かれており、筆者自身が訳出したものである)。

13　Jung, 1925, p. 3.

男性が自分の本に対するのはそれとちょうど同じです。彼は秘密の同盟、すなわち彼の精神の過失（*faux pas*）については語りたがろうとはしません。これこそが、たいていの自伝の嘘を作り出しているのです。性ということが女性においてほとんど無意識的なのと同様に、男性において思考の劣った側面はほとんど無意識的なのです。そして、女性が自らの性的なものについて力の要塞を築き、その弱い面のいかなる秘密も明け渡そうとしないのとまったく同じように、男性は力を思考に集中させ、それを公に対する、特に他の男性に対する堅牢な最前線として保持しようと目論みます。もしもその領域について真実を語るとすれば、それは敵に砦の鍵を譲渡することに等しいと考えているのです。[14]

この注目すべき発言において、正直であることはほとんど不可能なので、「たいていの自伝の嘘を作り出している」としてユングが考えているのは、そうした試みに取りかかるということが大きな禁忌であることを証明している。ユングは明らかに、敵に「砦の鍵を譲渡すること」に何ら関心を持っていなかったのである。

このセミナー以降何年もの間、ユングは一貫してこの立場を守っていた。一九五三年、ユングの精神的指導者であるスイスの心理学者テオドール・フルールノワ（Téodore Flournoy）の息子、アンリ・フルールノワが、ジュノー（Junod）博士の質問をユングに取り次いだ。それは、ユングが自伝を書いたか、あるいはそうするつもりは

14 *Ibid.*, pp. 32-33.

あるかとの問いであった。[15] ユングは次のように答えている。「私は常に自伝というものを疑ってきました。なぜなら人は決して真実を語れないからです。人が正直であるとか、あるいは人が正直だと信じている限り、それは幻想か、もしくは悪趣味です[16]」。またユングは、生涯の友であるギュスターヴ・シュタイナー（Gustave Steiner）への手紙において、周りからプレッシャーをかけられてはいるものの、依然として自伝を引き受けることに対して抵抗を抱いていることを表明している。

> ここ何年も、さまざまな機会に私自身の自伝のようなものを書くようにとの提案がありました。私にはその手のことを考えることができません。私はあまりに多くの自伝と、その自己欺瞞や都合の良い嘘を知っていますし、自分を表現し、自分をこのような試みに委ねることの不可能性についても多くを知りすぎてしまっています。[17]

ユングは、自分の伝記の可能性に関してもまったく楽観していなかった。J・M・ソーバーン（J. M. Thorburn）はユングに自分の人生の伝記を委託してはどうかと勧めていたが、それにユングは以下のように答えている。

> 私があなただったら、伝記に頭を悩ませたりしないでしょうに。私は伝記を書き

15　一九五三年二月八日付のアンリ・フルールノワからユング宛の手紙。JA.

16　ユングからアンリ・フルールノワ宛の手紙。Adler, 1975, p. 106. 原文仏語、筆者による改訳。ユングの別刷集のユルグ・フィエルツ（Jürg Fierz）への献辞に、ユングは端的にこう書いている。「私自身は自伝が嫌いです」（一九四五年一二月二一日。Adler, 1973, p. 404）。

17　一九五七年一二月三〇日。Adler, 1975, p. 406. 筆者による改訳。

たくないのです。動機が欠けていることはさて置くとしても、どうやって書き始めたらいいかわからないでしょうから。いわんや他の誰かが、この死すべき運命や晦渋さ、熱望や色々なものの寄り集まった複雑なゴルディオスの結び目をどうやって解けるのかわかりません。そのような冒険に挑もうとする者は誰でも、もしも本物の仕事がしたいなら、私の理解を超えたところで私を分析すべきです。[18]

一九五四年にユングはクレオニー・キャロル・ワズワース（Cleonie Caroll Wadsworth）と対談しているが、そこで彼は伝記の題材として自分がふさわしいかについて見解を述べている。

ある人が私の伝記を書きたがっていますが、それは馬鹿げています。私はただの中産階級です。私はめったに旅をしません――ここに座って、物を書いているか庭を歩いているか――私の人生が劇的だったことはありません。ほら、老シュヴァイツァーは劇的です――オルガンを弾き、長い白衣を着てヤシの木の間で働くか、説教するために腕の下に聖書を携えて歩いて――あるいは人々を癒しているのです。私がしていることなど誰も知りませんし、描きたくなるようなものでもなければ写真に撮ることもできません。[19]

18 一九五二年二月六日。*ibid.*, pp. 38-39.
19 一九五四年三月一日。Countway Library of Medicine, Harvard Medical School.〔以下、CLM〕

ここで疑問が生じる。どのような表現の仕方なら、内的な出来事の探求に従事した人の人生を描写するのに適しているのだろうか。

しかし自伝を書くこと、または伝記を書かせることに対してユングがどんなに抵抗しても、周囲からこの二つを強く勧める声が止むことはなかった。

C・G・ユングの伝記

同じ頃、ユングは回顧的な段階に入っていた。一九四九年一月二日、彼はアルヴィナ・フォン・ケラー（Alwina von Keller）に向けて次のように書いている。「私はこのほど回顧的な時期に入っているところでもあり、ここ二五年間で初めて根本的に自分自身に係《かかずら》っています。自分の古い夢を寄せ集めてまとめているのです[20]」。

一九五二年、グスターフ・ヘイヤー（Gustav Heyer）の妻ルーシー・ヘイヤーがユングの伝記を提案し、ライン出版のダニエル・ブローディ（Daniel Brody）の手によって出版されることになった。彼女はユングとの長いインタビューを基にした著作にするつもりであって、それは彼に関する他のどの著作とも一線を画すものであるはずだった。[21] はじめのうち、彼女は伝記をカリー・ベインズと共同でおこなうことを提案していた。[22] 一九五二年九月五日、ベインズの娘ヒメナ・デ・アングロ（Ximena de Angulo）が、ユングとの会話の後、この企画について母親であるカリー・ベインズに手紙を書

20 JA.

21 一九五一年七月二五日。ルーシー・ヘイヤーはユングに五章分の概要を送っている（JA）。

22 ベアはユングが一九三〇年代にカリー・ベインズに伝記を書くよう頼んだと記述しているが、情報源の引用はない（Bair, 2003, p. 585）。この件に関する彼らの往復書簡についてはふれられていない。

いている。

これまでも手紙に書きましたね。C．G．が私に、これをルーシー一人で引き受けてもらいたくはないけれど、あなたとの共同でならとはっきり言っていると。彼がこのことをブローディにはっきりと理解させてくれたなら、もちろんそのほうがもっと良かったでしょうに。まったく彼がどうしてそうしなかったか私にはわかりませんでした。ブローディとルーシーが、彼女が単独で彼に受け入れてもらえるなどという幻想の下にいるとわかったとき、この印象を正すことは私の立場ではできないと思いました。……彼〔ユング〕は、かなりはっきりとあなたに引き受けてもらいたがっています。……C．G．は、あなたがどうして自分の能力に対してそんなに疑いや恐れを抱かなければならないのか理解できないと、一九二五年の記録をあなたは見事にやり遂げたと言っていました。そして彼はこれを、あの手法を拡充したようなものとして思い描いています。彼はこう言いました。伝記という考え自体が彼にある種の不快感を与えるし、間違いなく自伝を書くことはないだろうけれども（二年前にボーリンゲンで、私があなたの代わりに尋ねたときにも言っていたように）、周りがそれを必然のものとしていることもわかっていると。私は、彼が自分で管理できて、それゆえどんな馬鹿げたことも起こらず、彼の死後に愚か者の誰かの手によって書かれないようなやり方でそれがなされることを非常に望んでいるという印象を持ちました。あなたが思いついたようなインタビューの方法が彼には退屈ではないか聞いてみると、彼はとんでもない、それはそう悪くないし、かなりうまくできるだろうと言っていました。[23]

このことは、ユングの考えではこの企画が一九二五年のセミナーの「拡充」であったのだろうということ、また伝記的事業に対する彼の嫌悪感を打ち負かしつつあったのは、いずれにせよ誰かが必ず引き受けることになるという認識が増していったためであるということを示している。ヒメナ・デ・アングロは、母親にルーシー・ヘイヤーに協力するよう説得に努め、ルーシー・ヘイヤーはあまりにもユングを畏れはばかっており、感情があまりにも傷つきやすく、また彼の考えに十分に精通していない、ということを示唆した。[24]そして彼女は、ユングがルーシー・ヘイヤーは彼のことをあまり知らないと思うと述べていたと付け加えた。九月二六日、ヒメナ・デ・アングロは再び母親に手紙を書いている。

よそ者が干渉することは本当に危険だと私は思います。この手の企画を引き受けるようになる時が来たと思うとユングが私に語ったとき、彼はそのことをほのめかしていたように見えました。今や記者たちが絶えず彼にインタビューしていますし、誰か意欲的な人物が、彼に関する本の出版される機会を見つけるまでに、

23 BP.
24 *Ibid.*

長くはかからないでしょう。[25]

ルーシー・ヘイヤーはボーリンゲン財団からの資金提供を要請したが、そこではカリー・ベインズと共同で書くつもりであるとしていた。

一九五三年一月六日、オルガ・フレーベ＝カプテイン（Olga Froebe-Kapteyn）がボーリンゲン財団のジャック・バレット（Jack Barrett）に、ユングがルーシー・ヘイヤーの事業に賛成したと伝えた。また彼女は、カリー・ベインズがユングに関する仕事にはまったく違う考えを持っており、ルーシー・ヘイヤーに企画を一人でおこなうよう手紙を書いたと付け加えている。[26] 財団はこの種の新しい企画への資金提供を取りやめていたので、財団を設立したポール・メロン（Paul Mellon）が彼自身の基金から直接この企画を支援することに同意し、ルーシー・ヘイヤーは二年間にわたって五〇〇〇ドルの助成金を受け取った。[27] 一〇月七日、ユングはこの件についてカリー・ベインズに手紙を書いている。

伝記という大きな計画に関して、ルーシー・ヘイヤーがそれをするにふさわしい人物だと大いに認めてはいますが、私はあなたが加わってくださるべきだと初めから主張していたのだとお伝えしたいのです。あなたは、おそらく大変重要であろうまったく違った観点を表現してくださいます。とにかく、私はあなたに参加

25　BP.

26　Bollingen Archive, Library of Congress.〔以下、BA〕

27　一九五三年四月一四日付のポール・メロンからルーシー・ヘイヤー宛の手紙。BA.

していただき、ヘイヤー夫人と一緒にやってほしいのです。私が完全に老いぼれてしまわないうちに、急いだほうがいいですよ！[28]

ユングにとっては、カリー・ベインズの参加がこの企画にとって必要不可欠であったのだ。

一方、ルーシー・ヘイヤーは彼女の書く伝記について、次のような概要を示した。

C・G・ユングの伝記に向けての提案

これは彼の仕事の起源と発展を説明するものとなるべきである。つまり、ユングの考えが生まれ成熟していった過程、それらが糧を得た源、そしてユングの展開をはっきり決定づけた歴史的時期や祖先あるいは先駆者たちと、彼が引き受け継承した伝統について描くものである。

ユングの生まれや家系、それに家族や風景、教育、学校、大学、職業の醸し出す雰囲気に関しては、それらが彼の人格の成長における重要な要因として影響を及ぼしている限りにおいて、伝記的研究に含まれることになろう。しかし、それはあくまでユングという人やその仕事を形作る助けになった程度に応じて取り上げ

28　BP. 原文英語。

られるだけである。人々や国、文化のさまざまな形や歴史との彼の出会いについても、同じことが言える。

しかしながら、彼の最も決定的な発見の起源と記述が一番重要になるであろう。そこでは、たとえばグノーシスや錬金術といった西洋古来の遺産が蘇っている。しかし、これらの事実が明らかになる際には、歴史的・社会学的な側面から見れば、やっと現実の世界へと形を成しはじめていた創造的なヴィジョンとして描かれた統合の極致がまた認められる。つまり、精神的・知的な意味における東洋と西洋の統合である。

偉大で創造的な人間は、時代に先んじ、内的－創造的なおこないによって有効な影響を与えるような認識や理解を映し出す役目を果たしている。ユングは我々の時代においてこれを大いに成し遂げた。それゆえ彼のパーソナリティも、我々の時代の存在様式を織り成している、影に日向に現れるあの力を計算に入れることなしに描くことはできない。

この本の更なる課題は、古代や中世の思想や観念そして東洋の知恵が、ユングの精神に流れ込み、浸透し、発展していったさまざまな経緯を明らかにすることにあるだろう。この仕事には、一九世紀と二〇世紀の作家や哲学者（たとえばカント、ショーペンハウエル、ニーチェ）、心理学者（フランス、イギリス、ドイツの学派）や詩人（ゲーテやロマン主義の詩人たち）がユングの発展において演じた役割を検証することが必要である。

第三に、ユングの発見や理解、表現の仕方が、彼の時代にすでにどのような影響を与えていたか、そしていかに深層心理学のみならず他の学問の理論や実践を豊かにしたか、また彼の仕事から今日の世界に対してどのような刺激が及ぼされているかを示すことが必要であろう。研究のこの部分に関しては、これらの影響がちょうど現れ始めたばかりであり範囲が予測できないために、断片的なままにとどめるべきであろう。

この資料を編集するにあたっては、文学や歴史的な情報源の編集に加え、ユング自身の証言も考慮に入れなければならない。本書は彼と継続的に接触しながら書かれるものでなければならず、すべての重要な問いに対する広範な個人的インタビューから抽出したものを示すことになろう。これは「公認の」本となるはずであり、それゆえ評論としても批判的研究としても、ユング心理学に関する他のすべての出版物と一線を画すであろう。すでにあるそうした描写に比べると、我々の考えている本では、ユングの仕事を系統的な観点からではなく、むしろ動的な観点から――縦断的に――扱い、それによって妥当性のある伝記を成立させるつもりである。

ルーシー・ヘイヤー-グローテ

[C・G・ユングの伝記の目次]

(暫定案。最終的な組み立てや順序はC・G・ユングとのインタビューによって発展する予定)

第一部　生育史

出自――祖先――両親と家庭――学校と大学――職業――旅――同時代の学者たちとの重要な出会い(ブルクハルト、フロイト、ブロイラー、ヴィルヘルム、ツィンマーほか)

第二部　個々の要素から見たユングのコンプレックス心理学の年代的な発展

タイプ

集合的無意識と元型

象徴研究(夢:古代の――極東の――初期キリスト教の――錬金術の――原始的象徴性の)

［心的エネルギーとリビドー］

第三部　ユングの精神的・知的「父親たち」

古代：ソクラテス以前、プラトン

中世：プロティノス――アウグスティヌス――教父たち――パラケルス

ス――錬金術師たち

近代：ゲーテ――カールス（Carus）――ロマン主義の詩人たち――カン

ト――ニーチェ――ショーペンハウエル――デュボワ（Dubois）――

ジャネほか多数

第四部　C・G・ユングの現代への影響

医学と精神医学において

その他の科学において

文学と芸術において

弟子たち――継承者たち――敵対者たち[29]

この企画は、明らかに恭しい調子でユングを世界的な歴史的人物として提示しながらも、ユングの仕事とその現代における受容を、西洋の知の歴史の全体的な文脈に位置づけることを提案していたのである。

29　オルガ・フレーベ－カプテインによる訳。BA.

ヘイヤーの企画をユングが支持したことは、ボーリンゲン財団が彼女の企画を経済的に支持しようとするときに決定的なものとなった。カリー・ベインズはユングへの手紙に、ルーシー・ヘイヤーの哲学的なアプローチに関していくつかの懸念を示したが、これに対し、ユングは以下のように答えている。

長かった多くのイニシエーションの儀礼を終えて、ルーシー・ヘイヤーはバーゼルに腰を落ち着け、今や本格的に始動しました。彼女にはアーネスト・ジョーンズが書いたフロイトの本を渡しています。私について語る素材の着想を得てくれればと思ったのです。ご心配には及びません。私を哲学者に仕立てるような試みなどことごとく根絶やしにするよう最善を尽くしますから[30]。

ユングは手紙を次のように締めくくった。「ルーシー・ヘイヤーがどう進めるつもりなのか見ものです。なぜなら、彼女がどのように獲物を捕まえようとしているのか、私はまだはっきり知りませんから[31]」。

ルーシー・ヘイヤーはポール・メロンへの手紙で、伝記の進行具合に満足している様子を表現している。「ユング教授はこの仕事に多大な関心を示され、私が必要なすべての情報を本当に惜しげもなく与えてくださいます[32]」。しかしながら、ユングはこのときすでに、ルーシー・ヘイヤー、そして彼女の仕事への適性に対する懸念を募ら

30 一九五三年一一月三〇日。BP. 原文英語。
31 一九五四年三月二八日。BA. 原文英語。
32 BA.

せていた。それに伝記の可能性に対する疑念も薄らいではいなかったのである。一九五四年四月四日、彼はカリー・ベインズに手紙を書いている。

我々の親愛なるルーシー・ヘイヤーについてですが、私はますます、あなたが私に赤子を押しつけて行ってしまったという気持ちを募らせています。彼女は少なくとも週に一度は私に会いたがります。私が彼女のために伝記を創作できるようにです。彼女が捕まえられるようにおとりの餌をいくつか見せようとしてきましたが、それが彼女の目に入っていたのかどうかはわかりません。誰かが私の伝記を書くとしても、ルーシー・ヘイヤーほども手伝うことになるとは考えたこともなかったと私は言わねばなりません。あなたが彼女を捻じ込んだようなもので、私は彼女があなたの仕事を軽減するだろうと思ったから了承したのです。それなのにあなたはただ姿を消してしまいました。こんなおかしな伝記ごっこの類を続けることは本当にできません。あの馬鹿馬鹿しいアメリカのラジオ局が私の映画を作るというのを手助けするようにでも私に頼んでくださるほうがよっぽどよかったでしょうに。[33] 私は毎日曜日に祈禱書を抱えて教会に行ったりしないし、白衣も着なければ病院も建てず、オルガンの前に座ることもありません。そのように、私は一般大衆の平均的な感傷的要求の餌ではないのです。そして私の伝記についても同じことでしょう。そこには面白いことなど何一つありません。[34]

33　このコメントにもかかわらず、ユングは後にいくつかの映像インタビューに応じている。一九五五年七月におこなわれたステファン・ブラック（Stephen Black）とのインタビュー（『パノラマ（Panorama）』で放送されたものの一部）、一九五七年八月のリチャード・エヴァンス（Richard Evans）との長いインタビュー、そして一九五九年一〇月にジョン・フリーマン（John Freeman）による、彼の番組『フェイス・トゥ・フェイス（Face to Face）』用のインタビューである。

34　BP. 原文英語。

これに対するカリー・ベインズの返事は、この企画の始まりに興味深い光を当てるものである。

あなたがなぜ、私がルーシー・ヘイヤーをこの状況に「捻じ込んだ」のだと、そしてあなたに「赤子を押しつけて」去ったのだと思っておられるのか理解するのには、かなりの時間がかかりました。……ブローディこそが捻じ込み作業を行った人物であり、その主題が提案されているのを私が知る前からの既成事実でした。一九五二年八月のルーシーの手紙から、彼女が本を書く権限を持っており、可能であれば私と書き、もし私が協力しなくても彼女一人で書こうと考えていることは明らかでした。

後日、私はヒメナから、あなたが私に関わってほしいとはっきり思っておられることを聞きました。それで私は、エンマ（Emma）を通してあなたに手紙を書き――当時あなたはご病気だったのです――、私がルーシーに協力する見込みのない理由をいくつかお伝えしました。その手紙の最後には私がルーシーから受け取ったものの写しをつけ、さらなる誤解を避けたいならば、ブローディとルーシーがどこで方向を誤ったのか二人に教えなければならないだろうという事実にエンマの注意を促しました。私の申し上げたのは次のことです。「彼（ユング）はブローディが引き起こしたこの混乱を解決してくださるでしょうか？　つまりブローディに、ルーシーに一人でやってほしくはないと手紙を書いてくださるでしょうか？　事態を収めるには、彼の直接の言葉が必要だろうと思うのです」。

この言葉はブローディに届くことはなかったので、ルーシーは私から協力できないことをはっきり聞いてから、前に理解していた通りに権限は自分にあるのだという幸せな考えを持ち続けたのです。何も聞かなかったために、逆に私もまた、彼女が一人で本を書いてもあなたはかまわないのだと結論づけました。概要を示していたような伝記を彼女は実行することができるのだと、率直に思ったのです。

しかしルーシーがあなたを疲れさせていて、あなたにとって彼女が話す相手としてあまりにかけ離れているとお感じになるならば、それこそ彼女に伝記を書く能力がないことの積極的な証拠です。彼女が鈍いという印象を見せていなければ、あなたがそのような感情を抱くと思えません。彼女は明らかに今の時点においては自分の鈍さを矯正できていませんが、それと同じくらい明らかなことに、あなたがそれを我慢する必要はないのです。今あなたのできる最善のことは、健康を理由にして彼女と手を切ることです。それならまったく妥当な理由です。このことについて出発前のジャック・バレットと話しましたが、彼は心から賛同してくれました。彼は、あなたが財政的な面で何ら躊躇う必要はないと言っています。というのも、彼女は助成金を受けてはいずに、ポール・メロンからの個人的寄贈によって資金を提供されているからです。ジャックはまたこうも言っていました。彼もポールも、少しでもあなたの力を消耗させるようなことは何一つ望んでいないと。[35]

九月九日、ユングはカリー・ベインズに向けて次のように書いている。「これまで彼女とおこなってきたどのインタビューにも、彼女に知的な伝記のように見える何物かを生み出す能力があろうと結論できるようなことは何一つありませんでした。私は伝記にはまったくおもしろくない人間なので、彼女が上手くできなくても、別に驚きはしないと言わざるをえません[36]」。

九月二八日には、ルーシー・ヘイヤーがバレットに、仕事を完成させるためのさらなる資金提供を要求する手紙を書いている。彼女は仕事が遅れている理由に、本の速度がユングの健康状態と彼にインタビューを受ける用意があるかにかかっていることを挙げた。そして出来上がっている仕事の例として、ユングの心的エネルギーの考えが「ユングの子ども時代の経験に根差しており、彼の著作を通してそれがいかに育ち、発展したか[37]」を示した章を書いたと述べている。バレットは一一月一六日のユングへの手紙で、このヘイヤーの要求について知らせている。彼は、メロンがもう一、二年

35 一九五四年八月四日。BP.
36 BP. 原文英語。
37 BA.

の資金提供をしてもかまわないとしていること、しかしまずはユングがそれを得策であると考えるかどうか知りたいという旨を付け加えた[38]。これに対するユングの返答にはこの企画に対する彼の態度が露わになっており、ヘイヤーがなしてきた仕事に対する決して熱心ではない反応が示されている。

現在に至るまで、彼女が私の伝記をめぐって書いたものを一行も見たことはありません。少し前に、私が答えてきたインタビューのうちのいくらかを一度見せてくれたらいいと思うという旨を彼女に話しました。けれども、今まで何も見ていないのです。彼女が何かを作り出してきたのか否か、まったく確信がありません。私はいつも、彼女がインタビューをどうするつもりなのか不思議に思いましたが、それについて何かわかったとは言えません。あなたにはそろそろおわかりでしょうが、このような事情のもと、私にはあの親愛なる老婦人を楽しませる気力が次第に失せてきましたし、私にとっては多少とも貴重な時間を損失してしまったことを遺憾に思っているという次第です。そんなわけで、もしこの状況に対する意見を申し上げてよいのなら、誰かがあの哀れなご婦人を優しく外へ連れ出したとしても、私がそう涙を流すことはないだろうということです。そして次のように申し上げねばなりません。私の限られた想像力では、彼女がどうしたら私の伝記を何とかして組み立てうるかなど考えつくことはできないし、私は文学者でもな

38　BA.

いので、どうやって伝記の執筆に取り組んだらいいのかほとんどわかっていないのだろうと。[39]

メロンはこれに基づいて、一九五五年の終わりまでヘイヤーの様子を見るための「ささやかな金額」を提供することに決めた。彼女が集めた素材を形にすることができるようにとのものであった。しかしながらこの数ヵ月後、ユングはこの企画を終わらせることを決意する。ヘイヤーはユングに草稿を送っていたが、彼は一九五五年二月二日の返事に以下のように書いている。

私の決意は、あなたの知性や能力に否定的な判断を下したことを示すものでは決してなくて、まったく私の理解だけから出てきています。私について言えば、この呪わしい義務や責務との間に開いた深淵は実に恐ろしいものなのです。もしもそんな仕事を自分にやらせたりしたら、私は完全に気勢を削がれてしまうでしょう。[40]

三月二四日、ユングはカリー・ベインズへの手紙に次のように書いた。「私はヘイヤー夫人との伝記のインタビューを中止しました。時間がかかりすぎるわりには、得るものがあまりに少ないからです。彼女はそれに必要な推進力を持ってはいません」[41]。

39 一九五四年一一月二四日。BA. 原文英語。
40 JA.
41 BA. 原文英語。

この企画を終わらせることについて説明しているダニエル・ブローディへの日付のない手紙で、ユングは以下のように書いている。

> 私の人生にはその伝記を読むに値すると思うような事柄は少しも含まれていないという印象を、私が読んだものから受けました。私は初めからそれを恐れていましたし、だからまた、凡庸さや何の変哲もない事柄の連なる長い鎖から、どうやってもっともらしい人生像（Lebensbild）を外在化させることができるかを決して想像することができないでいたのです。[42]

計画していた仕事のうちどれだけをヘイヤーが実際に完了していたのかも、ユングとのインタビューがどのようなものであったのかも明らかではない。ユングの支持が撤回されたことで、事実上この企画は完全に中止してしまったのである。

「エッカーフラウ」

一方その頃、伝説的な出版業者クルト・ヴォルフ（Kurt Wolff）がユングに自伝を書かせようと何年も試みていたが、いずれも失敗に終わっていた。一九五六年の夏のエラノス会議の折、彼はユングに新しい計画を持ちかける。それはエッカーマンの『ゲ

42 JA.

ーテとの対話』の線に沿ったものであった。ヨランデ・ヤコービ（Jolande Jacobi）はこの仕事にアニエラ・ヤッフェを推薦した。というのも、彼女ならばユングの秘書として、自由時間を見つけて、彼の人生について聞いていくことが比較的容易だろうと思われたからである。[43] 秋になって、クルト・ヴォルフはアニエラ・ヤッフェに手紙を書いた。

エッカーマンのようにとても直接的に素材を提示するのが最も望ましいと感じています。もっと正確に言えば、人々や場所、また出来事に関するユングの思い出を、「アニエラ・ヤッフェに向かって話しているように」彼自身の一人称単数の言葉で伝えるのです。[44]

数ヵ月後、彼は彼女に以下のように書き送っている。

「伝記」という言葉や考えは絶対に避けましょう。何といっても、この本全体のアイディアは、それが伝記ではなく、できる限り自伝に近いものであるべきだ、というところにあるのですから。[45]

当時、ユングはすでにルートリッジ・アンド・ケーガン・ポール社およびボーリン

43 Aniela Jaffé, draft foreword to *Memories*, Rascher archives, Zentral-bibliothek, Zürich〔以下、RZ〕, p. 1.『思い出……』の成立については、Alan Elms, 1994 も参照のこと。
44 一九五六年一〇月二四日。Beineke library, Yale University.〔以下、BL〕
45 一九五七年一月一六日。BL.

ゲン財団と独占契約を結んでいた。別の出版社がユングの「自伝」を出版に持ち込むというのはかなりの驚きの成功であった。もっとも、それはクルト・ヴォルフなら明らかにその可能性があるが。「作家たちを誘い出すことについて、あるいは作家と出版社はいかに縁を切るか」と題された論説で、ヴォルフは次のように書いている。

世界のどこの国にも売春婦の人身売買に関する厳しい法律がある。これに対して作家というものは、保護されていない種類の人々であり、彼らは自分自身を守らなければならない。売春婦貿易における少女たちのように、彼らには売買される可能性があるが、作家の場合はそれが違法ではないというだけである。[46]

ユングの翻訳者であるリチャード・ハル（Richard Hull）に、クルト・ヴォルフは次のように描写されている。

何年もの間、彼はユングがそれ〔自伝〕を書くよう説得を試みてきた。どれだけユングが常にそれを拒んできたことか、そして彼がどのようにして、ユングが手当たり次第に口述できるような「エッカーフラウ」〔訳者注：フラウ（Frau）は独語で女性の意味。マン（Mann）は男性の意味〕という幸福なアイディアをついに思いついたか。エッカーフラウとは、アニエラ・ヤッフェである。[47]

46 Ermarth, 1991, p. 21.

47 Richard Hull, "A record of events preceding the publication of Jung's autobiography, as seen by R.F.C. Hull". 一九六〇年七月二七日。BA. エッカーマン－ゲーテというたとえはユングにも理解されていた。クルト・ヴォルフへの手紙において、彼はこう書いている。「困ったことに、エッカーマンの『対話』を読んだとき、私にはゲーテさえも気取ったうぬぼれ屋であるように思えました」（一九五八年二月一日付のユングからクルト・ヴォルフ宛の手紙。Adler, 1975, p. 453)。

クルト・ヴォルフはハーバート・リード（Herbert Read）への手紙の中で、最近分析したところでは、ユングにこの仕事を引き受けるよう説得したのはアニエラ・ヤッフェだった、と書いている。[48] 初期の仮題は「カール・グスタフ・ユングの即興追想（Carl Gustav Jung's Improvised Memories）」であった。それは一人称で書かれることになっていた。[49] クルト・ヴォルフにとってこの作品は、ユング派ではなく一般の読者を目的としたものだった。彼は、「門外漢を作品の内側に導く」ような本になることを望んでいたのである。[50]

別の出版社が関わったことによって、この本は他のユングの著作と同じ編集ルートを進まなかったが、このことが後の出来事に重大な意味を持つこととなった。ルーシー・ヘイヤーがしていたように、ヤッフェがユングへの一連の定期的インタビューを引き受け、それを速記で書き留めていった。後にこれらのメモはタイプで打ち出された。このインタビューのメモの複製は、現在、ワシントンのアメリカ議会図書館とチューリッヒのスイス連邦工科大学にある（以下、「プロトコル」と示す）。[51] ヤッフェはこのインタビューのことを自分の「伝記の時間」と呼んでいた。[52] インタビューにおいてユングは幅広い主題について語った。ヤッフェは、クルト・ヴォルフと密接に関わりながら、インタビューから素材を選び、それらをテーマごとに整理した。その後、これがおよその年代順の章の並びになるよう編成されたのである。ヤッフェはクルト・ヴォルフに対し、「ユングと自然：内と外」に焦点を当てるつもりであると述べた。

48 一九五九年一〇月二七日。BA.

49 一九五七年一月二日。クルト・ヴォルフはポール・クローデル（Paul Claudel）による *Mémoires improvisés* (1954) という作品にヤッフェの注意を促している。BL. この作品は、ジーン・アムルーシュ（Jean Amrouche）がクローデルに人生について尋ねる一連の報道インタビューから成り立っている。インタビューという対話的形式は、刊行版においても明確に保存されている。

50 一九五九年九月一八日付のクルト・ヴォルフからカリー・ベインズ宛の手紙。BP.（"dass die outsider inside the work fuehrt."）

51 このプロトコルの複製は、ヘレン・ヴォルフ（Helen Wolff）によってプリンストン大学出版へと寄贈されたが、一九八三年に今度はアメリカ議会図書館へと寄贈され、一〇年間の年限で設置された。筆者は一九九一年にこれを研究したが、一九九三年から一般公開されることになった。ベアは、アメリカ議会図書館にある複製はボーリンゲンコレクションに

すなわち、一方では夢とそれに関連するものすべてとユングとの関係、他方では現実とユングとの関係ということである[53]。ヤッフェがクルト・ヴォルフにユングとのインタビューのプロトコルを送り始めると、彼はそれらに大変な感銘を受け、できる限り編集を控えるべきだと考えた[54]。

『思い出…（*Memories*）』〔訳者注：通称『ユング自伝』。本書では論旨に沿うように原題を略して『思い出…』〕の序章で、アニエラ・ヤッフェは次のように書いている。

> 我々が着手したのは一九五七年春のことだった。本書は「伝記」としてではなく、ユング自身を語り手とした「自伝」という形式で書かれるよう提案されていた。本書の形態はこの計画によって決まっており、私の第一の仕事は、ただ質問をし、ユングの答えを書き留めることにあった[55]。

彼女は、この著作の発端が最終的な形態を決定したと付け加えている。ここで、アニエラ・ヤッフェおよび彼女とユングとの関係について少し説明がいるだろう。ヤッフェが初めてユングに出会ったのは一九三七年のことであり、その後、彼との分析が始まった。その二〇年後に、彼女はユングの秘書になる。その仕事はヤッフェにうってつけのものだった。彼女はすでにギデオン教授やフォン・チャルナー教授の自由契約の秘書として働いていた[56]。一九四七年にはユング研究所の秘書になった。

入っているものであり、閲覧が制限されている、と述べている（2003, p. 657, n.7）。これは実際には制限されておらず、別のコレクションに移されている。チューリッヒのスイス連邦工科大学にある複製は閲覧が制限されている。

52 “Biographie-Stunden.” 一九五八年一月一〇日付のヤッフェからクルト・ヴォルフ宛の手紙。BL.

53 一九五七年一月一一日付のヤッフェからクルト・ヴォルフ宛の手紙。BL.

54 一九五七年五月二八日付のクルト・ヴォルフからヤッフェ宛の手紙。BL.

55 Jung/Jaffé, 1962, p. 7.

56 CLM, p. 11.

ジーン・ナムチェとのインタビューにおいて、彼女はユングが妻を亡くした後のことを回想している。ユングが書簡に返答する気力を失っていたため、彼女が多くの手紙に彼の名で答え、時折小さな訂正ができるよう、その返事を彼に読み聞かせていたというのである。[57] こうした仕事の手配には、ユングがヤッフェに見せた「彼の名前で書く」ことを許すほどの第一級の信頼が示されている。これはさらに『思い出…』がいかに構成されたかを理解するための助けにもなる。ユングは初めから、「彼の『私』を引き受ける」能力と、それを外の世界に表現する能力を彼女に認めていた。ヤッフェにとって、この企画はこの上なく重大なものであった。そこでの「触媒」としての役割が彼女の人生で最も重要なものと考えていると、彼女はアルヴィナ・フォン・ケラーに告げている。[58]

この企画のはじめに、ユングはヤッフェに対し、彼との会話のメモを出版すること、また彼がこれまで書いてきた伝記的メモからの抜粋でそれを補うことを彼女に許可する旨を手紙に書いている。伝記的メモとは、たとえば『赤の書』や『黒の書』、アフリカでの日記、「インド巡りの旅の印象」、そして一九二五年のセミナーなどである。[59] こうして、ヤッフェは広範な一次文献を思い通りに扱うことができるようになった。

作品の構成作業中、関係者の間には多くの不一致があった。本の内容をどうすべきか、その組み立て、ユングとヤッフェの寄与の比重、タイトル、原作者の問題といった点である。関係する出版業者の間には、誰がこの本の権利を持つかに関する法的議

57 *Ibid.*

58 一九五九年八月二五日付のヤッフェからアルヴィナ・フォン・ケラー宛の手紙(フォン・ケラー宛のユングの書簡とともに綴じ込まれている)。一九五七年一〇月二七日付のユングからヤッフェへの手紙。BA.『赤の書』については、ユングの後書きのみが『思い出…』のドイツ語版に付録として含まれている。『赤の書』は心理学の文学的作品と表現するのが最もよいだろう。二〇〇〇年五月、C・G・ユングの相続人たちがこの著作を出版用に公開することを決定したことにより、これが最も信頼のおける学術版として初めて一般に入手可能となるべく、筆者によって準備されているところである[訳者注:その後、『赤の書(The Red Book/ Liber Novus)』は二〇〇九年に出版された。邦訳は二〇一〇年]。

59

論もあった。

一九五八年、ユングは幼い頃の記憶の回想を書くことを決めた。このうちのいくつかは、アニエラ・ヤッフェとのインタビューの中ですでに彼女に伝えていたものであった。[60] ヤッフェは、人生について語る中でたくさんの物事の意味が今明らかになった、とユングが教えてくれたことをクルト・ヴォルフに知らせている。[61] その回想は「私の人生の最初期の経験から」と呼ばれ、彼の子どもたちに向けて語られていた。それは以下のような文章から始まる。

私が物を書くときには、意識的にか無意識的にか目の前にいつも聴衆がいる。私の書くものは常に世界への手紙である。だから愛しい子どもたちよ、私はあなた方が私の講堂の最前列にいるのに気づく。あなた方に私というものがいかに展開してきたかを伝えたい。つまり、私の若い頃の暗闇から思い出せる二、三のことを話すことにする。[62]

ユングは、これがヤッフェの仕事と「ある意味でぶつかってしまう」ことに気づいてはいるが、協力することは可能と考えているとクルト・ヴォルフに告げた。[63] クルト・ヴォルフは二つのユング自伝が並行して出版されるかもしれない見通しに不安を抱き、この状況を解消するためにスイスへと赴いた。[64] そしてユングの回想は『思い出

60　一九五八年一月一〇日。BL.
61　*Ibid.*
62　Jung, "From the earliest experiences of my life", JA, p. 1. 一九六〇年五月二二日、リチャード・ハルはクルト・ヴォルフ宛の手紙で、この部分を削り、「おとぎ話にふさわしい始まり」になるように、「私が六歳のとき」という文で始まるべきだと提案したと述べている（BL）。公刊版でこの一節は削除された。
63　一九五八年二月一日。BL.
64　一九五八年一一月九日付のクルト・ヴォルフからアニエラ・ヤッフェ宛の手紙。BL.

……』のテキストに含まれることとなった。しかしユングは、この部分に彼の名を署名し、本の残りの部分と明確に区別することを求めた。ヤッフェがクルト・ヴォルフに宛てて書いているところによれば、「本の途中のこの中間休止が、彼にとっては現実の状況を示すものとして重要」であったという[65]。

この企画に対するユングの態度は二転三転している。一九五八年一〇月一四日、ヤッフェはヘレン・ヴォルフに、ユングが作品の形態を変えたがっていると知らせた。彼は「無意識との対決」の章しか読んでいなかったが、以下のような事実に当惑させられたのである。それは、ヤッフェが同じテーマに関する別の発言を別のプロトコルから持ってきて、それを全体で一つの章にまとめていること、そうするなかで彼女が自分自身のコメントの多くを第一人称で挿入していること、そして彼が彼女に語ってきたことの多くが作り替えられていることであった。そこでユングは、文章をつなげる代わりに、エッカーマンのように彼女の反応や夢を含めた独自の短い節を付け加えてはどうかと提案した[66]。

一九五九年八月、ユングはボーリンゲンからクルト・ヴォルフに手紙を書いている。

本には今、何かしら困難で微妙な事態が持ち上がっています。というのも素材の性質上、A・ヤッフェ夫人の能力を凌駕するようになってしまったからです。私

65 一九五八年一〇月一九日。BL.

66 ある段階では、プロトコルをただそのまま出版するという案も検討されたが、それらは読者に十分理解しやすいものではないだろうと考えられた(一九五八年一〇月一八日付のヴォルフガング・ザウアーランダーからヘレン・ヴォルフ宛のメモ、複製。BP)。一九五八年一月二九日、ヤッフェはクルト・ヴォルフ宛の手紙に、ユングは何度も彼女がプロトコルを出版すべきだし自分のメモを出版するつもりもあると提案していると書いたけれども、それが真剣に意図されているとは思わなかったのである(BL)。

は自分の伝記を書こうとしたことは一度もありません。それが簡単でないことくらいわかっていますから。そしてたぶん、それはいまだに不可能な仕事であり、あえて取りかかることは決してないでしょう。万が一自伝を書いてみようと夢見ることがあったとしても、それは私の観点にしたがって、つまり二次元のみならず三次元的な方法で書かれなければならないでしょう。それは無意識的なものや影を含むということであり、そうしたやり方において、現実の肉体が現象学的な意識の光へと足を踏み入れたことが示されるのです。[67]

その結果、自分がより介入することによって仕事のバランスを変えなければならなくなった、とユングは付け加えている。それから彼はこのような状況を改善するべく、ヤッフェにもう一度作品に彼女自身の言葉を組み込み、本文や脚注、章の初めと終わりに意見を書き加えるよう頼んだ。

しかしヤッフェがこれを実行したところ、クルト・ヴォルフはその結果を壊滅的なものと考えた。それがユングの発言の連続性を壊し、雰囲気を台無しにしていると思ったからである。クルト・ヴォルフはこれらを削除するか、さもなければ脚注または序章へと移すよう求めた。[68]クルト・ヴォルフには、自分がユングと直接コンタクトを取ることが難しく感じられるのが不満だった。とりわけ、ヤッフェが彼の手紙のすべてを開封し、彼らが会うときもそこに居合わせていたからである。[69]八月の手紙におけ

67　BL.

68　一九五九年九月一八日付のクルト・ヴォルフからカリー・ベインズ宛の手紙。BP. クルト・ヴォルフは、「私」形式と「彼」形式を組み合わせることはできないと考えていた（一九五九年九月二〇日付のクルト・ヴォルフからカリー・ベインズ宛の手紙。BL）。

69　*Ibid.*

るユングの提案に関しては、もし初めからそのようなやり方で（そして理想的には、アニエラ・ヤッフェの代わりにエーリッヒ・ノイマン〈Erich Neumann〉のような誰かと）作っていたら、作品を対話として提示することができたであろうけれども、今のものではモノローグに別の声を持ち込むことはできない、とクルト・ヴォルフは考えた。[70]

一九六〇年二月、ヤッフェはハルに、ユングが月末に会いたがっていると伝えた。ハルはこう語っている。

老人が現れた。……彼は話をしたがり、一時間以上の間、自伝についてしっかりと語った。私は、自伝の「真正性」をめぐって何らかの論争があるのだと推測した（このとき私は本文をまったく見ていない）。彼は、自分が言いたかったことを独自の――「時には少々ぶっきらぼうで乱暴な」――言い方で述べてきたし、自分の著作を“tantifiziert”（ジャックのうまい言い回しで言えば、「おばさん化（“auntified”）」あるいは「オールドミス化（“oldmaidfeld”）」）されたくなかったということを非常に強調しつつ語っていたのが印象的であった。「テキストを手に入れたら、私の意味していることがわかるだろう」と彼は言った。彼がアメリカの出版業者の間で「ゴーストライター」が使われていることについて詳しく話したとき、私は「オールドミス化」がクルトによってなされているのだろうと推測し

70 *Ibid.*

た。そこで直ちに私はユングに、クルトから本文を受け取ったらそれを「脱オールドミス化」する権限が私にあるかどうか尋ねた。「その場合は」とユングは彼自身を指差しながら言った、「大物の出番だろうね」。私はすべてがかなり混乱していると感じた。というのもクルトは以前、特に最初の三章では、高度に個人的な調子と並外れた率直さにまさにインパクトがあり、それは何としても残すべきだ、と言っていたからである。[71]

一九六〇年五月九日、ハルは変更箇所を緑色のインクで示した本文の原稿を読んだ後で、クルト・ヴォルフに手紙を書いた。彼はこれらの変更がユングの表現の鮮烈さを低下させていると感じており、ユングのコメントから、はじめはクルト・ヴォルフにその原稿をトーンダウンさせた責任があると思い込まされたと述べている。しかし彼は今や、その責任がヤッフェにあるのではないかと感づいた。ハルは最初、ユングはヤッフェがつけ加えたつなぎのコメントに関してだけ不満に思っているのだろうと考えており、彼はユングが自分に「彼女は私に関して、ともかくそれでは通用しないことをたくさん書いている」と言ったことに言及している。しかしハルは今や、彼女の責任は本文の不穏当な部分を削除したところにあるのに思い至る。そのために彼は、ユングが彼女ではなく、彼自身の家族を念頭に置いているのだと考えるようになった。[72]

ユングが誰を本当に念頭に置いていたのかという問いは、本文が組み立てられ、編

71 Hull, “A record of events”, BA, pp. 1-2.

72 Interview with Gene Nameche, CLM, p. 17. このコメントに、ナムチェは次の注記を書き加えている。「ユングを『おばさん化』したがったのは、ヤッフェ女史のみならず彼の家族だったと信じている者もいる」というものである。

集されていった方法の帰結に比べるとあまり重要でない。改変における二つの層が区別される必要がある。第一層目は、ヤッフェがユングとのインタビューからの素材を用い、また自分の用いるユングの原稿を編集した方法にある。[73] 第二層目は、彼女の用意した最初の原稿と公刊版の間に加えられた変更である。二層目の変更には多くの人々が関与していた。原稿の改変のうちのいくつかは、編集過程の後半の段階で、ユング家の代理人の要請でおこなわれたものであった。しかしプロトコルを、後の原稿や英語とドイツ語の公刊版と一行ごとに比較し、さらに編集上の書簡のやり取りの検討を合わせれば、削除や変更の大部分は第一層に、すなわちプロトコルやユングの原稿と、最初のドイツ語の原稿の間にあったということがわかる。公刊版に出てくるプロトコルの発言は概して信頼すべき方法で再現されてはいるものの、文脈や雰囲気、連想的な結びつきが多くの場合失われている。全体の順序は、異なった情報源から引いてきた要素による寄せ集め細工の形に作り変えられている。こうした並び替えのために、発言の意味がしばしば作り直されてしまっている。異なる文脈や違う時期に語られたユングの文章が一続きの段落を形成すべく、あちこちでつなぎ合わされたのである。歴史的観点から見れば、プロトコルは公刊版よりはるかに重要な意味を持っている。

ハルはその後で、ユングの自伝を出版したいというクルト・ヴォルフの願望と、ルーシー・ヘイヤーによる伝記執筆の企画を超えようとするアニエラ・ヤッフェの試み

73　ハルが先のコメントを書いたとき、プロトコルを参照したわけではなかった。

の間の緊張状態が、後の困難のいくつかの原因となったのではないかと訝っている。[74]

ヤッフェは自らが書いた序章で、ユングが「本書の原稿に目を通し、承認した」[75]と主張している。しかし実際のところ、これが真実であろうはずはない。ユングは一度も最終原稿を見ていないからである。一九六一年五月六日、これは死の一ヵ月前になるが、ユングはパンテオンの編集者であるジェラルド・グロス（Gerald Gross）に、自分の「伝記」について手紙を書いている。彼は、自ら「確認した」数章を読み返せないのを遺憾に思っている旨を伝え、確認していない章である「『ボーリンゲン』『ヴィジョン』『死後の生』など」を送ってくれるようグロスに頼んだ。そして彼ができない場合には、原稿の最終版の責任をヤッフェに委託する、と締めくくっている。[76]

『思い出…』には「出会い（'Begegnungen'）」と題する章が含まれることになっていた。ユングからヤッフェ宛ての、日付はないが晩年の手書きの手紙があり、そこで彼はこれがどうなったか彼女に尋ねている。彼は、なかでもセオドア・ルーズベルト、ポール・ヴァレリー（Paul Valéry）、ラビ・ベック（Rabbi Beck）、ヒットラー、ムッソリーニ、ゲッベルス、ミゲル・セラノ（Miguel Serrano）、シェーラー（Scheler）、トインビー、エディントン（Eddington）、ジェームズ・ジーンズ卿（Sir James Jeans）、ヘッセンの大公、ヴィルヘルム皇帝、ハインリッヒ王子そしてフロベニウスを見かけ、なかには話したことがある人がいると書き留めており、「それは『出会った』（'begegnet'）のではない」と注記している。[77]この手紙に対する返事は残っていない。

74　一九六〇年九月二日付のハルからリード宛の手紙。Routledge archives, University of Reading.〔以下、RA〕
75　Jung/Jaffé, 1963, p. 9.
76　JA.
77　JA. ユングはプロトコルにおいてはこれらの人物たちについていくらか議論していた。Library of Congress.〔以下、LC〕

ユングが目を通した原稿は、彼の死後、少なからぬ編集を経ることになる。その例として、一九六二年一月二二日にアニエラ・ヤッフェとラッシャー（Rascher）氏、ポッゲンゼー（Poggensee）嬢との間でおこなわれた議論の議事録からの以下の発言がある。

コリンズ（Collins）が短縮に関していくつかとても良い提案をし、彼女はそれに従っている。とりわけ、「外向的な」ものやロンドンとパリの表面的な話は省略し、アフリカのところもいくらか削るべきであるが、一方「内向的な」箇所はすべて拡張して、ところどころでもう少し増強すべきである。パンテオンに従えば、ジェイムズ（William James）とフルールノワとの会合の部分は、オエリ（Oeri）やツィンマー（Zimmer）の部分同様さらに削るべきとされているが、オエリとツィンマーは残すつもりである。[78]

ユングの死後、この本がどれほど内向的あるいは外向的であるべきか、ユングの旅行がどれほど含まれるべきか、そしてフルールノワやジェイムズ、オエリやツィンマーを入れるべきか入れるべきでないかに関して、こうした協議がおこなわれていたのを認めるのは重大なことである。これらは決して小さな変更ではない（パリとロンドンの章は、ユングが実際に通読していたなかに入っていたものである）。[79]

『思い出…』の公刊版は、ユングの人生と仕事に関するフロイト中心的な伝説を育て

78　RZ.

79　一九六一年一月一八日付のヤッフェからヴォルフへの手紙。BL.

上げるのに重要な役割を演じた。『思い出…』において、個人の名を冠した唯一の章がフロイトについてのものであったことが、フロイトと神がユングの人生における二人の最重要人物であったという印象を与え、この二人のうちのどちらが上に来るのかが注釈者たちの間での議論になった。アメリカとイギリスの版では、ドイツ語版とフランス語版にあるフルールノワとツィンマーについての付録が存在していないから、この印象がさらに強められている。[80]このことが、ユングのフロイト中心的な読解を強めることになった。「カウントウェイ原稿」は、これと根本的に異なる構成を呈している。この版では語りの構造にかなり手が加えられており、章構成が他と異なっているのである。フロイトの章に続く箇所には、見出しに「思い出。フルールノワ―ジェイムズ―カイザーリング（Keyserling）―クライトン－ミラー（Crichton-Miller）―ツィンマー」とある。その後、この見出しは手書きの線で消され、「テオドール・フルールノワとウィリアム・ジェイムズ」に書き換えられている。[81]これらの変化の仕方一つをとっても、『思い出…』の並び方がいかに偶発的なものかがわかる。この並びにおいてはさらに、フロイトの箇所に続いてフルールノワとジェイムズへの献辞が直接続いている。

『思い出…』におけるフロイトの章で、ユングはフロイトが深刻な神経症に苦しんでいたと診断し、また彼の後継者たちは創始者の神経症の意味を捉えていないと主張している。[82]ユングにとっては、フロイト心理学による普遍性の主張はフロイト自身の神

80　フルールノワに対するユングの献辞は、Flournoy,1994に英語で収録されている。

81　Countway ms., p. 197, CLM.

82　フロイトについての章は、ユングがアニエラ・ヤッフェとのインタビュー中のさまざまなときに述べた意見からまとめられたものである。

経症のために説得力を失っていた。公刊版ですぐ次に続く章では、ユングの「無意識との対決」と元型の発見、そして自分自身の神話を見出すという「現代人が自分の魂を見つける」方法が描写されている。『思い出…』はフロイト心理学の足枷から自由になった後の、ユングの英雄的な下降と自己生成の神話を促進する。ユングは唯一の反例としてフロイトを持つのみで、先駆者もいなければ従うべき前例もなく、捨て子の心理学を確立したことになるのである。

これに対し、カウントウェイ原稿はきわめて異なる版になっている。フロイトの章の直後に続くフルールノワとジェイムズの箇所では、フロイトがそれを作るのに失敗したとユングの主張する非－神経症的心理学をいかに確立しうるかという問いが、フロイト以前にすでにフルールノワとジェイムズによって肯定的に答えられていたかのようにされている。さらにユングは、いかなる亀裂も必要としない肯定的な指導関係を描いている。彼らがフロイト批判を固める際の助けとなり、フロイト以後の心理学を系統立てて述べる際の方法論的な前提条件を提供したという意義をユングは認めているのである。[83]

ジェイムズの章において、ユングは二人の出会いについて説明し、ジェイムズに対する学問上の恩義を詳細に描き出そうと試みている。ユングは一九〇九年にジェイムズと面会し、またその翌年に彼を訪問したときのことを語り、ジェイムズが今まで出会ったなかで最も傑出した人物のうちの一人であると述べる。ユングはジェイムズの

83　ユングとジェイムズとの関係については、Taylor, 1980 および拙著（Shamdasani, 2003）を参照のこと。

ことを、貴族的で紳士然としながら、気取りなく魅力に満ちた人物であると感じた。ジェイムズは見下ろすことなくユングに語りかけ、二人は素晴らしい信頼関係にあると思われた。ユングは、自分が気楽に話すことができるのはフルールノワとジェイムズのみであり、ジェイムズの思い出は崇敬すべきもので、また自分の手本であると感じていた。彼らはいずれもユングの疑いや困難を受容し、手助けしてくれたように思われたが、そのような人物に彼は二度と出会えなかったのである。ユングは、ジェイムズの開かれた態度と展望を高く評価していた。それはとりわけ彼の心霊研究に顕著であった。二人はこれを詳細に議論し、またジェイムズのおこなった霊媒パイパー夫人との降霊術の会について話し合った。ユングは、無意識の心理学に接近する手段として、心霊研究の有力な意義を見ていたのである。またユングは、彼がジェイムズの宗教心理学に関する仕事にも大きな影響を受けたと述べている。これもまたユングにとっての手本となり、そのなかでも特に、物事を理論的なバイアスに押し込めることなく、あるがままに受け入れ許容しようとするジェイムズの方法が規範になったということ。

他にも、ユングによる具体的な薦めがあったにもかかわらず、それが実現しなかったという例もある。たとえばユングとリヒャルト・ヴィルヘルム（Richard Wilhelm）との関係が重要であったことは、ヴィルヘルムが一九二九年にユングについて書いた文章である「中国におけるC・G・ユングとの出会い（My Encounter with C.G.Jung in

China)」を、ユングが付録として収録することを求めたという事実に明らかである。[84] ユングはまた、本のプロローグにも懐疑的であり、その文体が「あまりに女性的」で「耽美的」であると感じていた。[85]

この本のいくつかの章は、ユング自身の書いたものがもとになっている。しかしこの点でもまた、最終的な作品として出版されたものとユングの書いた原稿が正確には一致していない。このことは、ユングの「私の人生の最初期の経験から」に対するヤッフェの扱いから明らかである。消されてしまった一節もあれば、ヤッフェによってインタビューから付け加えられた一節もあり、またさらなる変更がこの企画に携わっていた別の人々によってなされたのである。[86]

どのような編集過程にも選択性がつきものであるので、伝記作家たちが独自の観点に従って素材を形作っていくのはきわめて正当なことである。しかしながら、ある伝記作家の記述がその伝記の主人公自身の自己理解と同一視されるとなれば、危機的な問題になる。筆者の見解では、これこそまさに『思い出・夢・思想』のケースで起きたことであり、果てしのない誤解を生みだす原因となってきたものである。

この点において、『思い出…』を取り巻く事情はきわめて危うい。それは数あるなかの一つの伝記と言うよりも、ユングの書いた自伝と見な

84 *Neue Zürcher Zeitung.* 一九二九年一月二一日。一九六〇年一二月一九日付のヤッフェからヴォルフ宛の手紙より。BL. カウントウェイ原稿では、ここからの四ページの引用が本文に付録として収録されている（CLM, pp. 523-526）。ヴィルヘルムはその献辞において、ユングの見識が極東のものと似ていることに言及し、その密接な親近性を指摘している。彼は、ユングのような西洋人にとって、それらに到達するのは大変難しいことであり、それがおそらく彼がヨーロッパで正しく評価されていないことの理由である、とも述べている。ヴィルヘルムは、彼が中国から古代中国の知恵を携えて戻ったとき、これらの事柄をユングと議論することができ、ユングが彼にたくさんの提言をしてくれることに気づいたことは偶然ではないと考えた。ヴィルヘルムは、ユングの思想と古代中国の賢人たちの思想との驚くべき類似に対し、可能性のある三つの解釈を提起している。まず一つ目は、ユングが過去世で中国人だったという説、二つ目は、ユングにテレパシー能力があるという説、そして三つ目の説をヴィルヘルムは解釈として受け入れているわけだが、それは、中国の賢人もユングも双方とも、同一の状態の存在に出会えるような集合的なこころ（psyche）の深みへと降りていっているのであり、彼らの意見が一致していることはその概念が本質的に真実であるのを示していることになる、という説である。

85 一九五八年一〇月一九日付のヤッフェからヴォルフ宛の手紙。BL.

されているのである。ハルはこの問題の重要性を以下のように強調する。

「C・G・ユングの自伝」として宣伝した本と、アニエラ・ヤッフェ（というあまり聞いたことのない人物）が編集したユングの回想録として宣伝した本との間には、天と地ほどの違いがある。一方は自動的にベストセラーとなるが、他方はそうはならない[87]。

一九五九年一一月一五日のアニエラ・ヤッフェとの会合に関するヘレン・ヴォルフ（Helen Wolff）の記述によれば、ヤッフェは人々がユングのみの本にしてベストセラーを狙おうと、彼女を本から引き離したがっていると考えていた。その結果として、どのような形態で自伝が世に出るべきか、そしてそもそもそれが自伝として世に出るべきかどうかの決断が委ねられることになった、と書かれている[88]。

ユング自身の著作の出版権を持つ、彼がすでに契約していたドイツ語と英語の出版社が、この作品を出版したがるだろうと考えるのは当然のことである。さらに、ユングが本文により深く関係するようになったため、この問題は前景へと押し出されることとなり、これをラッシャー出版（Rascher Verlag）とルートリッジが取り上げた。一九五九年三月二三

86 Countway ms., CLM; Hull draft translation, LC; Draft translation, BL. 編集の間、原稿の一節について二、三の議論があった。バーゼル大聖堂に関するユングの少年期のファンタジーについて、ハルの草稿訳では、原稿は以下のように書かれている。「神は世界の上方高くにある金の玉座に座り、大聖堂の上に大便をする。そして玉座の下からおびただしい量の糞便が降ってくる」（LC, p. 32）。カウントウェイ原稿では、同じ一節が次のように書かれている。「神は世界の上方高くにある金の玉座に座り、大聖堂の上に大便をする〔手書きで：彼の教会の上に大便をする〕」（CLM, p. 32）。ベアは、ヤッフェもマリアンヌ・ニーフス（Marianne Niehus）もユングがこの文脈で「大便をする」という語を用いることを許さず、校閲されるべきと提案したのだろうと述べている（2003, p. 635）。しかしながら、元のドイツ語のタイプ原稿にはこう書かれている。“unter dem Thron fällt ein ungeheures Excrement”（「玉座の下に、おびただしい量の排泄物が降る」）（JA, p. 19）。この原稿は自由閲覧可能であり、ユングの手書きの原稿から正確に複写されたものである（Jung family archives. ウルリッヒ・ヘルニィとの私信）。

87 Hull, “A record of events”, p. 4, BA.

88 BL.

日におこなわれたカラー(Karrer)博士とニーフス(Niehus)氏(ユングの代理として)、ラッシャー氏、ポッゲンゼー夫人による会合の議事録には、以下のような記述がある。

カラー博士は、数年前、パンテオン・ブックス(ヴォルフ博士)がヤッフェ夫人に、ユングの伝記をできるだけユングとの会話の形式で書くよう提案したと報告している……しかし、事態は以前計画されていたのとは違った方向に進んできていて、今ではユング教授がますます引き込まれるようになったために、彼は「観察の対象」から共同従事者になった。[89]

このことから、この作品がすでに交わされた契約に該当するか否かという問いがラッシャーに持ち上がった。数ヵ月後にさらにおこなわれた会合の議事録には「本が『ユング』と『ヤッフェ』、どちらの旗印の下に出航するのか、まだ誰も知らない」と記されている。[90]

同様の問いがルートリッジ・アンド・ケーガン・ポール社からも提出された。一九五九年一二月一八日の手紙で、セシル・フランクリン(Cecil Franklin)はユングに以下のように書いている。

この本の来歴は、アニエラ・ヤッフェがあなたの密接な手助けのもとに書く作品

89 RZ.

90 "Aktennotiz über Besprechung zwischen Herrn Dr.Karrer, Herrn Niehus, Herrn Rascher, sr., Herr Albert Rascher und Fr. Poggensee". 一九五九年五月一日。議事録にはまた、「ニーフス氏は、ユング教授自身は『自伝』という言葉が使われるのを求めていない、と付け加えた」とある。RZ.

として開始されたものの、進めていくうちにはるかにそれを超えて、事実上あなたの自伝になるまでになった、ということであると私は思っています……一九四七年に交わした我々の契約を見てみますと、これが本当にあなたの自伝ということになれば……出版権は我々のもとにあることになります……ここで、あなたのより厳密な意味での学術書しか出さない出版社と思われるとなれば、我々としては大変困ったことになるでしょうし、また我々の評判を損ないかねません。[91]

ユングはこの作品を自分の自伝と見なしていたのだろうか。構成されていく間、この本は関係者たちによってさまざまに呼ばれていた。「伝記」「小伝」「自伝」「いわゆる伝記」「いわゆる自伝」とまちまちで、そうした関係者にはユング自身も含まれていた。[92] 一九六〇年四月五日、ユングは義理の息子であり著作権管理者となったヴァルター・ニーフス－ユング（Walter Niehus-Jung）に手紙を書いている。

私のいわゆる「自伝」のために君が骨を折ってくれたことには感謝していますが、この本は私が引き受けたものではなく、明らかにA・ヤッフェ夫人が書いてきた本だと思っているということを、あらためて確認しておきたいと思います……本は、私ではなくて彼女の名前で出版されるべきです。私自身が構成した自伝にはなっていないのですから。[93]

91　一九五九年二月一八日。BA.

92　ハルによれば、ユングは一度、この作品は「意図せざる自伝からの断片（Fragments from an Unintentional Autobiography）」と題しうるだろうと提案していたという（一九六〇年六月二日付のハルからクルト・ヴォルフ宛の手紙。BL）。

93　Adler, 1975, p. 550. 筆者による改訳。ベアはこの手紙を「奇異な」ものと表現しており、これがマリアンヌ・ニーフスとヴァルター・ニーフスが持っていた権力を示していると主張している（Bair, 2003, pp. 606-607）。しかしながら、ここで引用した記録が示しているように、この手紙はユングによる他の批判的発言の多くと一致しているものである。

一九六〇年五月二五日、ハーバート・リードがジョン・バレット（John Barrett）にこの本について手紙を書いている。

今のところ、次のようなタイトルがつくのではないかと思われます。

アニエラ・ヤッフェ

「回想・夢・思想」

C・G・ユングによる寄稿とともに[94]

以上のような交渉の末、『ユング全集』の編集委員会の決議案が作成され、ボーリンゲン財団とルートリッジ・アンド・ケーガン・ポール社との独占契約外でこの本を出版することが許可されることになった。それは次のような陳述を含んでいる。

C・G・ユングは、この本を彼自身の企画ではなく、明らかにヤッフェ夫人によって書かれた本であると見なすという態度を常に保ってきた。C・G・ユングの書いた章は、ヤッフェ夫人の作品への寄稿と見なされることになっていた。また本書は、C・G・ユングの名でなく、ヤッフェ夫人の名で出版されることになっていた。なぜならそれは、C・G・ユングによって構成された自伝にはなっていなかったからである（一九六〇年四月五日付のC・G・ユングからヴァルター・ニーフ

94　BA.

スへの手紙)。

八月二六日に、C・G・ユング教授、ジョン・バレット氏、ヴォーン・ギルモア嬢(Vaun Gillmor)、ハーバート・リード卿、そしてW・ニーフス－ユング夫妻とアニエラ・ヤッフェ夫人との間で開かれた会議において、C・G・ユングは再度、厳密に言えばこの本はA・ヤッフェ夫人の引き受けた仕事であり、彼はそこに寄稿しただけだと考えていると確認した……編集委員会は、これにより正式に、A・ヤッフェ夫人の本を『全集』に加えようとするような執行分科委員会のいかなる判定も認めないことを決定する。[95]

これらの発言は、かなり強固で明確なものである。しかし、ヘレンとクルト・ヴォルフの目からすれば、こうした定式化は、ラッシャーとルートリッジとの状況を解決するための策略にほかならなかった。[96] 一九六〇年六月九日、ヘレン・ヴォルフがカリー・ベインズに次のような手紙を書いている。

もしあの本がアニエラの名で世に出たらきっと駄目なものになるだろう、とあなたがおっしゃっていたのは本当に正解だと思います――人々はアニエラ・ヤッフェにではなく、ユングに関心があるのですから。なおかつ、それは実際には彼の

95 "Resolution of the Editorial Committee for 'The Collected Works' of Prof. C. G. Jung", BA. 一九六〇年一一月二九日にはユングが、一九六〇年一二月一三日にはジョン・バレットが署名している。ボーリンゲン財団のヴォーン・ギルモアが、後にこの会合について以下のように説明している。「ヤッフェ夫人の準備した伝記の題目についてユング博士は、この本がヤッフェ夫人に対して語られた伝記と呼ばれることを望んでいると発言した。彼はまた、彼自身が書いたのは本のうちの三章分であり、残りはヤッフェ夫人が彼との会話のメモから書いたものであるとも述べた。彼はヤッフェ夫人の書いた本に寄稿したにすぎず、この作品が彼のものだと見なされることは望まないとはっきり述べた」("Conversation with Dr. Jung 26 August 1960", BA)。

96 一九六〇年七月一三日付のヘレン・ヴォルフからカリー・ベインズ宛の手紙。BP.

本ですし、彼は心の中ではそれが自分のものだと知っています。誰が彼に、それが自分のものとしては十分でないなどという考えをもたらしたのか、私には不思議でなりません。[97]

クルト・ヴォルフの元の意図がユングの自伝を出版することにあったこと、そしてユングの自伝と伝記では販売可能部数が異なるのを十分に意識していたことは、まったくもって明らかである。筆者の見解では、この作品が彼の自伝として見なされるべきでないというユングの発言は、なぜ彼が自伝を引き受けたくないかにや、ヤッフェとの共同作業の性質について明確に述べていた彼の以前の発言と完全に一致したものである。一九六〇年一月六日、ユングはエンマ・フォン・ペレットに向けて次のように書いている。

私は、決して自伝を書くまいと常に自分自身に誓ってきましたし、今回の場合もほんの少し足を踏み入れただけです。私の伝記を書いているのは、どちらかと言えばヤッフェ夫人であり、私はそこに少し寄稿したというようなことなのです。[98]

同年、パンテオンがランダムハウスに買収され、クルト・ヴォルフとヘレン・ヴォルフはこの企画にそれ以上参加しないことになった。そして一九六一年、六月六日に

97 BP.
98 Adler, 1975, p. 531. 筆者による改訳。

ユングが亡くなる。世界中の新聞や雑誌に、その死亡記事は大きく掲載された。翌年には、『思い出…』からの抜粋が『ヴェルトヴォッヘ（*Die Weltwoche*）』誌と『アトランティック・マンスリー（*Atlantic Monthly*）』誌の誌面に載る。『ヴェルトヴォッヘ』誌の最初の抜粋の題名は、単に「C・G・ユングの自伝」とあった。また本自体は一九六二年に英語とドイツ語で出版されている。フランス語版は一九六六年に出版され、そこには「わが人生──思い出、夢、思想」という題がつけられた[99]。

実は類まれなる伝記であったものが、誤って自伝として読まれてきたわけである[100]。この作品がユングの一人称の語りで書かれた「自伝」であるという推定が広まったことによって、三〇年の間、ユングに関するすべての文献で、最も信頼のおけるものとしての地位がこの作品に与えられた。さもなければ、それがそれだけの地位を維持することはなかったであろう[101]。

一九八〇年になって、ヤッフェは『体験と追想（*Erlebtes und Gedachtes*）』と題した本について、ボンツ出版と契約を結んでいる。その本では、残っているプロトコルからさらなる素材を引用しており、それにはトニー・ヴォルフ（Toni Wolff）についての章も含

99　"Die Autobiographie von C. G. Jung", *Die Weltwoche*. 一九六二年八月三一日。他に英語版では消失しているがドイツ語版には存在する項目は、ユングによる「若い学生」への手紙、『赤の書』へのユングの後書き、そしてアニエラ・ヤッフェによる「C・G・ユングの家族についての詳細」であった。このうち最後の項目は、一九八四年の『スプリング』誌において英語で出版された（*Spring*, 1984）。ドイツ語版と英語版の間にはたくさんの不一致があり、とりわけ前者のうちの多くの箇所が後者からは消失している。このうちのいくつかは、決してすべてではないものの、村本詔司によって英語で出版されている（Shoji Muramoto, 1987）。

100　故フランツ・ユングは、このテーマに関する私の最初の論文に応答する中で、私に次のように書いている。「少なくともいくつかの証拠を与えていただきました。以前は推測するにすぎなかったようなものでしたが、すべてが真っ直ぐに進んだわけではないということです。ヤッフェ夫人やハル、あるいは第三の関係者によって実際におこなわれていた策定または省略に対して、C・G・ユングがどの程度まで気づいており、また賛成していたのかさえも、我々にはわからないのです。／一九六〇年四月五日付の手紙と、一九六〇年五月二五日付のJ・バレット宛のハーバート・リードの手紙を我々に思い起こさせてくださったのは大変良いことです。それらは、著者が誰なのかを明らかにするような題名を提案しているものでしたから。今日、たいていの人々はこうした発言を知らずに、誤った結論を下しています」（一九九五年八月一四日。個人蔵）。

101　一九八〇年代後半、このテキストの成り立ちに関する研究に、アラン・エルムスと筆者が同時に、別々に取りかかった（Elms,

まれていた。[102] ヤッフェは素材に関する権利が自分にあると助言されていたので、ユングの相続人たちの許可を求めなかったために、後に訴訟が起こることになった。[103] この著作は未公刊のままであり、プロトコルの権利に関する複雑な問題の解決を待っている状況である。

「師匠に騙された」

『思い出…』は、当時世に出たユングの伝記的研究のうち、唯一の公認のものというわけではなかった。ユングの死の直後、彼の友人であるイギリスの精神科医E・A・ベネットによって、ユングに関する著作が発表されている。ベネットはその序章で、その本の企画はユングと話し合われたものであり、ユングはその本のタイプ原稿を読み論評しているので、「ここに述べたものは、彼の見解に沿っている」と見なすことが適切であろう、と記している。[104] こうしてその本は、ユングの協力のもとに書かれた公認のユング研究としてのお墨付きを得たのである。

ベネットは、初めの計画では彼がユングの伝記を書くということになっていたと述べた上で、そのためにユングは彼の人生について多大なる情報を提供してくれたと付け加えている。しかし、ベネットはこうも書いている。

1994および拙著（Shamdasani, 1995）を参照）。それより以前には、公的なところでのこのテキストの評価は非の打ちどころのないものであった。ベアは、この作品が出版された瞬間から、英語版とドイツ語版との相違のために学者たちが検閲に関する憶測を抱くようになった、と主張している（Bair, 2003, p. 638）。しかしこれはまったくそうではない。というのも、我々の研究が出版されるまで、検閲に関する公的な議論はなされていないからである。彼女は脚注にこう書いている。「なかでも最も顕著なのがシャムダサーニとエルムスである。彼らはこうした変更点の多くを不十分な証拠や客観的でない推測に基礎づけている」（p. 847, n. 69）。これに対する証拠は与えられていないし、ベアは筆者がこのテーマについて書いたもののどれも参考文献に挙げてすらいない。

102　ユングはプロトコルで、トニー・ヴォルフとの関係について論じている（LC, p. 98, pp. 171-174）。これについては拙著（Shamdasani, 1995, pp. 124-125）（本書二〇五～二〇六頁）を参

よく考えてみれば、自分の著作の多様性と人格の複雑さゆえ、彼はこれがほとんど不可能な仕事だろうと思っていた。ついに彼は自伝を書かねばなるまいと決意し、それを実行したのである（本の一部は――『伝記』――アニエラ・ヤッフェ夫人によって書かれたため）。彼の表現によればとても性分に合った課題とは思えないこの課題を、ユングは一九五九年の九月に完成させた。[105]

ベネットはアニエラ・ヤッフェの仕事がユングの自伝を構成しているとは言わず、むしろそれを組み入れたものとして言及している。冒頭の三章の「私の人生の最初期の経験から」が彼の念頭にあったのである。

ベネットが記録していたユングとの会話のいくつかは、後に彼の妻によって出版されている。一九五六年八月三〇日のある会話において、ユングは彼の伝記を書くことにまつわる困難について語っている。

朝食の折、C．G．は彼の伝記を書くどんな人の見識にも潜在している困難について話した。これについて彼は、伝記を書くには彼の思想を完全に理解していることが要求されるが、誰一人として完璧に理解している者はいないと言った。彼の言うには、フロイトの人生であれば、その思想が明快に展開されているため描写が容易にできるであろうが、自分の場合はより複雑である。というのも、ユン

照。ベアは、自分が読んだプロトコルの中でこれに関して何も論じられていないとしている（Bair, 2003, p. 838, n. 61）。

103　一九八一年一月二〇日付のゲルダ・ニーディック（Gerda Niedieck）からウィリアム・マクガイア宛の手紙。McGuire papers, LC.

104　Bennet, 1961, p. viii.

105　*Ibid*., p. vii.

グの思想の発展が自伝の中心に据えられることがなければ、それは単なる出来事の羅列にすぎなくなって、著作を知らずにカントの伝記を書くようなものだからである[106]。

ここでのユングの意見は、後の『思い出…』の理解のされ方を考える上で重要なものである。多くの人々にとって、『思い出…』に書かれた伝記的な詳細はユングの著作を理解するための鍵となると見なされてきたが、それはユングが上記でとっていた立場とはまったく正反対なのである。

このユングの意見は、ある個別の心理を理解するための個人的方程式の重要性に関して、彼が繰り返し述べてきた意見を敷衍したものと見なすことができる。それはすなわち、心理学者の人生を理解するためには、その心理学者の心理学を把握することが必要であるというものである。

この点を例証するものとして、ユングはベネットに、彼が「無意識との対決」の最中にあった一九一三年に見た「重大な」夢について語り、それが彼の人生における大きな転回点であったと話している。そして、もしそれが話されたとしても、彼の人生のその時点におけるその夢の意義について理解できる人はほとんどいないだろうと述べた。その夢とは、以下のようなものであった。

106 Bennet, 1982, p. 61.

彼は、山頂へと続く、曲がりくねった険しい山道を上っていた。まだ夜は明けず、右手の谷は陰になっていた。前方では太陽が峰の裏側にあり、昇ってきてはいるものの、いまだ隠れていた。彼の目の前には未開人がいた（あらゆる時代の男――肌は褐色で、毛深い）。彼はこの男について歩いており、それぞれ狩りのための装備を身に着けていた。おそらく、羚羊を追っているのだろう。そのとき太陽が昇り、山の頂にジークフリートが現れた。輝く鎧に身を包み、盾と槍を携えている。彼はスキーのようなものを履いており、岩々を越えて滑り降りてくる。スキーは骨でできていた――死者の骨で。すると未開人は、ライフル銃でジークフリートを撃たねばならないと指示した。そこで彼らは横になって待ち構え、彼を殺した。未開人（影）はリーダーであり、戦利品を取りに出かけた。だがC・G・は自責の念でいっぱいになって、峡谷めがけて山を駆け下り、反対側まで駆け上った――恐ろしい罪から逃げねばならなかったのだ。雨が降っており、あらゆるものが濡れていた。しかし雨がこの犯罪の痕跡をすべて消し去っても、彼の良心を圧迫する罪悪感には何の変化ももたらさなかった。[107]

ベネットは続けて、この夢に対するユングの反応を書き留めている。

彼は目を覚まし、再び眠りにつきたいと思ったが、この夢を理解するよう努める

107　*Ibid.*, pp. 61-62.

必要があることがわかっていた。しばらくの間、ジークフリート――英雄――を殺害したという自責の念が何もかもを消し去り、引出しから拳銃を取り出して自分自身を撃つ――「自殺する」――よう駆り立てられるのを感じるまでに、圧倒された。その夢と衝動は恐ろしいほど鮮明で、夢についての考えが形を成しつつあるという事実がなければ、彼はそうしていたかもしれない。その考えとは、とても勇ましい行動をしている英雄が未開人によって殺される、というものである。すなわちこの夢は、未開人という我々の目には不道徳で未発達に映る者が、従うべきリーダーであることを指摘していた。彼にとってこのことは、自分が意識という今ここのもの、一般に受け入れられた成功に従うのではなくて、集合的無意識を表象する古代の男、つまり元型に従わなければならないということを意味していた。[108]

後の伝記作家たちがこの夢について述べてきた意見からわかるように、ユングの引用には、彼の人生の決定的な転回点がいかに容易に誤解されうるかを示す予言的な何かがある。

一九五六年九月五日、ベネットはユングへの手紙に、ルース・ベイリー（Ruth Bailey）がユングの伝記を書くよう彼に提案しているという旨を書いている。一〇月一〇日、ユングは彼に宛てて次のように書いた。

108 *Ibid.*, p. 62. 一九二五年にもユングはこの夢について次のように言及している。「英雄……は我々によって認識される最も偉大な価値の象徴です……ジークフリートは、私の英雄であるように見えました。私は彼をとてつもなく気の毒に思いました。あたかも自分自身を撃ってしまったかのようにです。私はそのとき英雄の価値を認めなかったに違いありません。私が殺したのは、力と効率性という私の理想でした。私は自分の知性を殺したのです。集合的無意識の人格化、私の中の小さな褐色の男にその行為を助けられて。言い換えれば、私は自分の優越機能を王位から退けたわけです」（Jung, 1925, p. 57）。

ご存じのとおり、私というのはいくぶん複雑な現象であり、伝記作家がたった一人で取り扱うにはとても不可能な代物です……それゆえ私はあなたに、類似の提案を差し上げたいと思います。つまり、フィルプ（Philp）の場合には神学者としてなしたように、あなたは医学者として進めていただきたいのです。医師であるあなたは、患者の既往歴を調査するでしょう。あなたが質問してくだされば、私は患者が答えるようにそれに答えることでしょう。このように、あなたのいつもの思考に沿って動いていただければ、少なくとも医療関係者くらいには理解できるような私の性格像が作り出せるでしょう。フィルプは間違いなく私の宗教的側面の像を作り出すでしょうし、それは同じくらい満足のいくものです。いくつかの側面のうち、あるものは医学的であり、別のものは神学的であることは否めませんから、その分野の専門家によって書かれた伝記には、最も正確である見込みがあります。もっとも、それは包括的なものではありません。明確な心理学的総合のためには、未開人の心理学にも、神話学にも、歴史にも、超心理学にも、また科学にも――芸術的経験の分野にさえ――同じくらい親しんでいる誰かが必要でしょうから。[109]

こうして、ユングが考えていたように、彼のどの伝記も必ずや伝記作家の前提と個人的方程式によって形作られることになるだろう。彼の人生や著作の多面的な性質は、

109 JA, 原文英語。ハワード・フィルプ（Howard Philp）もまた、ユングに関する伝記的作品を検討していた。数々の修正の後、フィルプはその成果として *Jung and the Problem of Evil* (1959) を上梓した。彼の質問に対するユングの回答は、*CW* 18 にも"Jung and religious belief"という題で再録されている。

彼の伝記の決定的なものが単純にはありえないということを意味していたのである。
ベネットはユングの提案を受け入れ、彼に質問のリストを送った[110]。ユングは書いた答えを渡すにはあまりに長すぎると返答し、そこでベネットを二週間以上にわたって招待することにした[111]。ユングは引き受けるにあたっての感想を次のように補足している。

すべてが扱いにくく、やや困難に思えます。というのも、平均的な読者にはそれが一体何のことなのか、とても理解できないでしょうから。私はあまりに多くの誤解に晒されてきたために、伝記に関して真実を語ることをやや恐れているのだと思います。ですから私は、記憶の密林を抜けて最初に道を見つけていただくように、あなたにお願いすべきなのでしょう[112]。

まさにユングは、彼の伝記を書くのに十分なだけ彼の心理学を把握している人が誰一人としていないと考えていたために、ヤッフェに語ったのと同じ素材のいくつかをわざとベネットに話し、どちらかが唯一の説明にならないようにしたのかもしれない。一九五七年一月一一日、アニエラ・ヤッフェはクルト・ヴォルフに以下のことを伝えている。二人はまるきり違う人物で異なる観点を持っているだろうから、彼女の仕事とベネットの仕事が重なることはなかろうとユングが考えていること、またそれゆえ、

110　一九五六年一二月七日付のベネットからユング宛の手紙。JA.
111　一九五六年一二月一〇日付のユングからベネット宛の手紙。JA. 原文英語。
112　*Ibid.*

ユングとフロイトやシャルコーとの関係のような問題は、おそらくベネットによって扱われることになるであろうということである[113]。

一月一四日には、ベネットがユングに宛てて次のように書いている。「医学に対するあなたの貢献に基づいて伝記を書くべきだという計画をあなたが推奨してくださったことが、一番の励ましになりました」[114]と。

ベネットの企画とヤッフェの企画との関係という問題は、ベネットが記録した一九五八年三月二四日のユングの娘マリアンヌ・ニーフスとの会話の中でもさらに取り上げられている。

私は彼女に、C．G．がすでに自伝の多くの部分をすでに書き上げていると話した（二、三年前に彼の人生について書くのは難しいと彼が語っていたのを覚えているが、おそらくそのことが彼にそのような考えをもたらしたのだろう）。彼女は、ヤッフェ夫人が彼の書いたものを出版したがっていると言っていた。私は彼女に読んでもらうよう、私の書いた序章を渡した。彼女は私のアプローチがヤッフェ夫人のものとはまったく違うと述べ、続けるようにしきりに勧めた。彼女は私の書いているもののほうがより男性的であり、他の伝記が準備されているからといって、私がそれを進めるのを妨げるものではないと述べた[115]。

113 BL.
114 JA.
115 Bennet, 1982, p. 111.

このように、マリアンヌ・ニーフスは、両方の企画に公認の伝記としておよそ似たような地位を認めていたようである。

一九五九年二月七日、ユングはベネットに向けて次のように書いている。

> 「私の考えの発展と、それが医学に与えた影響」について何か書くというあなたの企画に関してですが、私は大変気に入りました。もちろん、あなたが我々の初期の会話のいくつかを本に組み込まれることに、私の側からは何の異論もありません。[116]

ユングがベネットの企画とヤッフェの企画の重なりについて無関心であるように思われるのに対して、ヤッフェのほうは別の意見を持っていた。一九六一年七月二〇日、クルト・ヴォルフはカリー・ベインズに宛てた手紙で、ベネットの本を読んだヤッフェの反応を次のように伝えている。

> アニエラはその本について激昂していますが、私にはそれがなぜだかよくわかります。というのも、ユングがベネットに向けて、自伝のためにアニエラに示した素材のうち、すべてではないもののかなり多くを話しているからです——たとえば彼の夢の多く、とりわけバーゼル聖堂の夢を。そして今、彼の本は自伝より先

116 JA. 原文英語。

に、春にも出版されようとしています。アニエラは、師匠に騙されたように感じているのです。[117]

このことから、ヤッフェはユングが彼女に語っているのと同じ個人的資料のいくつかをベネットにも語っているのに初めは気づかず、それが独占的なものと思っていたことは明らかである。すでに世に出てしまった以上、ベネットの本にはほとんど手の施しようがなかったが、ドイツ語版の出版を遅らせることはまだ可能であった。一九六二年三月九日、ラッシャーはパンテオンの書籍編集者ジェラルド・グロスに以下のような手紙を書いている。

> 書店や個人の読者からその本に関する問い合わせのない日は、ほとんど一日もありません。さらに悪いことに、C・G・ユングの伝記が近刊であると告げている書店や個人の情報――そのうちのいくつかは、ユング教授自身が個人的に知らせた資料に基づいているのです。ベネット博士が書いたもののうち最も重要な部分が回想録に先立って世に出るのを避けるためにも、我々はドイツ語版の版権を得なければなりません。そしてこれが出版されるのを遅らせるように試みることで、ユング－ヤッフェの回想録が最初になるようにするのです。[118]

117 BP.
118 RZ.

版権を得る理由の一つが、その本の出版を遅らせるためであるというのは、きわめて異例なことである。

しかし、そうした重複にもかかわらず、ヤッフェが恐れる必要はなかった。『思い出…』がベストセラーであり続け、ユングの人生の唯一の最も重要な資料と見なされたのに対し、ベネットの本はほとんど消えたに等しかったのである。長いこと絶版で、ほとんど引用されることのない著作となり、重要な情報を含んでいるにもかかわらず、ほとんど忘れられてしまった。そこにはたとえば、科学的証明と心理学の性質に関するユングとベネットの間の詳細な書簡なども含まれていたのである[119]。

ベネットの本は、ロンドンではバリー・アンド・ロックリフ社によって出版された。書評の少なさから判断するに、彼らがかけた宣伝費用はランダムハウスやコリンズ(Collins)のそれには及びもつかなかったのだろう。実際のところ、ベネットの本は、『思い出…』に対するたくさんの書評においても言及されなかったようである。このことが、後者こそユングの個人的な生活を初めて垣間見せたものだという印象を皆に与えたのである。

当のベネットは、『ブリティッシュ・メディカル・ジャーナル』誌に「ユングの内的生活」と題して『思い出…』の書評を書いている。彼の書評はユングへの共感的な描写で成り立っており、『思い出…』を直接扱っているのは冒頭の段落のみである。そこで彼は次のように述べている。「これは異例の本であり、評者たちにとっては明

119 ベネットの後の研究である *What Jung Really Said* (1966) は、ユングから直接受け取った歴史的資料がほとんど含まれていないにもかかわらず、はるかに成功している。

らかに大きな問題点となってきた。彼らの多くはこれを自伝として受け取っているけれども、確実にそうではない」と。[120]ベネットは、論者たちのなかでは、この点について述べているほとんど唯一の人物であった。

ユングの思い出や夢のうちのいくつかの詳細について、ベネットの本とヤッフェの本の間には興味深い食い違いがあるが、それよりもはるかに重要な点は、後者が第一人称で書かれているということである。このことさえなければ、これら二冊のその後の運命がここまで根本的に異なることにはならなかったかもしれない。一九八二年、ベネットの未亡人であるイーヴリン・ベネットが、ユングとの会話について詳しく述べたベネットの日記からの抜粋を出版している。皮肉なことに、この著作こそ、『思い出…』の原型の一つであったエッカーマンの『ゲーテとの対話』に最もよく似たものだったのである。

120　一九六三年九月二三日。

第2章 ユング 未完の『全集』

ユングの伝記を書く企てと並行して、彼の著作を出版しようという試みも進んでいた。この計画の運命は、後の伝記や、それどころかユング研究全体に対して予期せぬ決定的な結果をもたらすことになった。すでに刊行されていた『全集』の巻に対し、講演や書簡を収めた数巻が切望されたままであり、それは明らかに未完の状態にあった。つまり、そのとき書かれていたユングの伝記ならびに二次文献は、テキストの集積がまったく確かでない状態に基づいていたのである。

ボーリンゲン財団のジャック・バレットが、出版される予定の『全集』第一巻のコピーを初めてユングに見せたとき、彼はそれがまるで棺のようだと不平を漏らしていた[121]。ユングの著作の全集を出すという企画は、ハーバート・リードによって提案されたものであった。彼は一九四五年当時、ケーガン・ポールの編集長をしていた（ケーガン・ポールは一九四七年にルートリッジ・アンド・ケーガン・ポールとなる）。同じ頃、ア

121　ヒメナ・ロエーリとの私信。ユングはリチャード・ハルに向けて、ボーリンゲン版の「棺のような外観」よりはルートリッジ版の表紙や装丁のほうがはるかにいいと書いている（一九五三年七月六日付のユングからハル宛の手紙。LC）。

メリカのボーリンゲン財団も同様の提案を推し進めていた。一九四七年には、それらが共同で著作集を出版する合意に達する。そしてユングの発案で、マイケル・フォーダムが編集者として指名された[122]。またフォーダムはドイツ語が流暢でなかったため、ユングは翻訳をチェックする人物としてゲルハルト・アドラー（Gerhard Adler）を指命するよう提案した。ユングはドイツ語のネイティブがこれを行うことが絶対に必要だと考えたのである[123]。ユングにとって自分の言葉の用い方は、自らの心理学に不可欠の部分であった。一九五二年六月一七日、彼はツヴィ・ヴェルブロウスキー（Zvi Werblowsky）に宛てて手紙を書いている。

> 私の話す言葉は曖昧に違いありません。つまり、二重の側面を持ったこころの本性をうまく表現するために両義的なのです。私は努めて意識的に、また故意に両義的な表現を用います。なぜなら、そのほうが明快さに優っており、存在の性質と合致しているからです[124]。

ユングはフォーダムに向けて、彼の作品のすべての翻訳者が直面

122　一九三三年、フォーダムは訓練を求めてユングに面会するためにチューリッヒに赴いたが、外国人が職を見つけるのは難しいからという理由で断られている（Fordham, 1993, pp. 67-69）。この旅の日付は、フォーダムの日記に明らかである（個人蔵。Max Fordham）。ベアはこの面会の年代を第二次世界大戦の初期と誤っており、またこの当時のフォーダムはカリー・ベインズがあまりに簡単に見分けのつくような形で彼の分析について解説したものを出版したことに腹を立てていたと主張している（Bair, 2003, p. 472）。だがベインズの *Mythology of the Soul* は一九四〇年に初めて出版されたものである。ベアはまた、フォーダムは亡くなるまでユングに対して腹を立てていないと強調していたと主張した上で、彼のユングへの「遺恨」は、ベインズに対するのと同じくらい大きなものであったと断言している（*ibid.*）。しかし一九八八年から一九九五年の間に筆者がフォーダムと交わした多くの会話のどこにも、ベインズあるいはユングに対して表明された憤りを感じさせるようなものはなかった。つまり、彼らに対する彼の態度は、賞賛や感謝の類のものだったのである。

123　一九四六年六月四日付のユングからリード宛の手紙。RA. 仕事が進むにつれ、アドラーはハルの呈する具体的な質問に対処すべく、自らの仕事を限定するようになった（マイケル・フォーダムとの私信）。アドラーへの公平を期して言えば、筆者自身の経験では、翻訳チェックには翻訳と同じだけの時間がかかりうるものと考えている。

124　Adler, 1975, p. 71. 筆者による改訳。

する特殊な問題について論じている。

私のドイツ語の文体は決して単純ではありませんので、いくつかの論文の中に豊富に含まれているいくぶん微妙な仄めかしの声を聴くため、特別に訓練された耳を必要とします。……私はたびたび、ある種の言葉の意義を十分に理解していない翻訳者によっていくらかの点が誤解され、まずく訳されているのを目にします。……ドイツ語のテキストで述べていることを英語の形にしたものを英語圏の読者に提示するのは少々心配なのです。それにはもちろん、精神医学や学術的な心理学以外にも広く読書をしている人物が必要です。なぜなら私の言葉は、単に「科学的」であるというよりは、しばしば文学的でもあるからです。私はまた、古典的な文献に言及したり、そこから引用したりすることがありますが、それは英語圏の読者からすればまったく聞き慣れないものでしょう。[125]

ユングが後にハーバート・リードに語っているように、彼は著作の翻訳の問題を非常に深刻に捉えていた。特に彼は何度かそれで苛立たされる体験をしていたからである。[126] また、アドラーはドイツ語の術語に相当する英語を確定していき、一方のフォーダムは、翻訳の英語の文体に関して再検討していくことになっていた。[127]

フォーダムは、アドラーが翻訳の編集者として任命されることに同意していたが、

125　一九四六年四月一八日。Contemporary Medical Archives, Wellcome Trust Library for the History and Understanding of Medicine, London.〔以下、CMAC〕原文英語。

126　一九四八年三月四日付のユングからリード宛の手紙。RA.

127　一九四六年一〇月八日付のユングからリード宛の手紙、一九四六年九月一二日付のユングからアドラー宛の手紙。RA.

128　「……彼の英語は決して上手くあり

アドラーは、フォーダムと対等の立場でありたいと思っていた。フォーダムはハーバート・リードに、アドラーと面会したこと、また彼が自分の名声のため、共同編集者になりたがっていることを伝えた。フォーダムはアドラーがこの仕事に向いていないと感じており、さらに彼の拙い英語に翻訳をチェックする適性があるのかどうか疑問を覚えていた[128]。ユングもアドラーの申し出が良い案だとは考えず、編者は一人であるべきだと感じていた。彼はアドラーにこれを納得させようと試みたが、それは成功しなかった[129]。

　翻訳者にはリチャード・ハルが任命された。ハルが翻訳を頼まれた最初の著作は、ユングの『心理学と錬金術』であった。ハルはプロの翻訳家で、ユングの著作にはほとんど触れていなかった[130]。彼は文学や哲学的作品を専門としており、一九四六年にはリルケの書簡集、一九四九年にはマルティン・ハイデッガーやマルティン・ブーバーの著作も翻訳していた。彼は詩も発表している詩人であり、また彼を知る者には、彼がかつて熱心な合理主義者であったと想起する者もいた[131]。

　ユングとハーバート・リード、そしてジャック・バレットとの間で一九四九年におこなわれた会合の記録には、次のように記されている。「ユング教授は、ハル氏が彼（ユング）のいくつかの概念（たとえば、「自己」など）を理解するのが困難であるように思えると述べた[132]」と。ユングは、ハルがバーバラ・ハナーと共同で今後の翻訳を続けるべきであると提案している。翻訳顧問としてハナーを参加させるという計画につ

ません――重苦しくて、言葉に重みをかけすぎています」。一九四六年七月三日付のフォーダムからリード宛の手紙。RA. リードは以前、別の翻訳編集者を任命するよう提案していた。その場合、フォーダムの考えるように、アドラーは二番目の翻訳編集者なのであろう。

129　一九四六年七月一七日付のユングからリード宛の手紙。RA. ベアは、『全集』の計画中のユングの書簡のほとんどは、ハルとのものであると主張している(Bair, 2003, p. 582)。しかし、これは正しくない。ユングはゲルハルト・アドラーやマイケル・フォーダム、ハーバート・リードとも、広く書簡を交わしているからである。

130　ユングの著作の翻訳編集を引き受けるようにとのリードの誘いを受けて、一九四六年六月一四日、ハルはリード宛の手紙に、彼がよく知っているユングの著作は *Modern Man in Search of a Soul* と *The Integration of the Personality* の二冊のみであると書いている。

131　ヒメナ・ロエーリとの私信。

132　RA.

いて、ハルはハーバート・リードへの返事で、それは自分がこれまで誰にも告白したことのない望みだったと伝えている。というのも、彼はこれまでも時折ユングの概念の理解に苦しんでいたが、『心理学と錬金術』を訳していたときには、アドラーやフォーダムからこれについての十分な説明を受けることがなかったというのである。[133] 一九五三年に、ユングは共時性についての彼の小論をハルが訳したものを吟味し、以下のように書き送っている。「あなたはきっと、ドイツ語の重い文法形式を、流動的な英語に変形させる術を知っておられるのでしょう」[134] と。実際のところ、ハルの翻訳は文学的なレベルで大変流暢であり、概して翻訳のようには思われないものであった。しかし一週間後、ユングはバレットに、ハルの翻訳について手紙を書いている。

ハルの「共時性」の訳を部分的に照合してみましたが、論旨とドイツ語のわかる誰かが、ハナー女史がすでに照合してきた翻訳を細かくチェックするのが絶対に必要であるのに気づきました。したがって、最終的な翻訳はアドラー博士に任せるよう提案したいと思います。[135]

二年後、ユングはマイケル・フォーダムへの手紙において、再びハルによるテキストの翻訳について、以下のように評している。

133　一九四九年九月一日。RA.
134　一九五三年七月六日。LC. 原文英語。
135　一九五三年七月一三日。BA. 原文英語。

「共時性」のゲラ刷を同封にてお返しいたします。本文に訂正を入れてあります。ハルには同一の概念に対して異なる言葉を造り出すという残念な傾向があります。それが混乱を招くのです。[136]

編集者のなかに訓練された学者がいなかった上に、企画の重大性がすぐには明らかにはならなかった。時が経つにつれて、アドラーとフォーダムはより監督的な役割へと後退していく（そのことだけでもかなりの書簡が交わされている）。編集作業の大半は、後にウィリアム・マクガイア（William McGuire）、リチャード・ハル、そしてアラン・グローヴァー（Alan Glover）によって実現されることとなった。このことが認められて、マクガイアは一九六九年に責任編集者に指名される（フォーダムはハルもそうであるべきだと提案した。ハルは翻訳をはるかに超えた関わり方をしていたからである）。[137]実際、ハルは自らの役割はユングのテキストを黙って訂正することにあると考えていた。ハーバート・リードに宛てて、彼は以下のように書いている。

136　一九五五年五月一一日。CMAC. 原文英語。ベアはユングが残っているすべての発言においてハルの翻訳を誉めているとし、それに懸念があったというような証拠は一つもないと主張している（Bair, 2003, p. 583）。しかしこの引用はそれが正しくないことを示している。ハナーの見方によれば、ハルの翻訳は「思考型」のように、感情や不合理なものを除外してしまう(Hannah, 1976, p. 334)。フォン・フランツは、ユングの著作には一方で論理的に理解可能な議論と、他方で「無意識的なもの」という二重の側面があると述べる。そのうち後者については次のように言われている。「読者は……その『別の声』、無意識的なものの衝撃に自らが晒されるのに気づく。それは読者を摑んだり、その勇気を失わせたりするかもしれない。この『別の声』は他の要素のなかでもとりわけ、言葉の元の語源的な意味を復活させ、感情と創造的要素を科学的な説明の中に入れていくというユングの独特な方法によって聞こえるものである」。彼女は次のように記している。「不幸なことに、R・F・C・ハルによって翻訳された記念碑的な英語版『全集』には、ユングの著作におけるこの二重の側面が保持されていないのである」（Von Franz, 1972, p. 4）。フランツ・ユングは、ユングとハルとの間で交わされた翻訳の問題についての白熱した議論を回想している。彼は、ハルが完成した翻訳を持ってユングに会いに来て、すでに済ませたものを訂正することに気が進まなかったのだろう、と言及している（私信）。

137　一九六七年三月三日。CMAC. フォーダムはまた、マクガイアの役割は彼らのものと区別されるべきであるとも付け加えている。というのも、彼は多くの決定について責任を有していなかったからである。

ユングのテキストに忠実であるあまりに、説明の見落としや難解さ、矛盾がはびこるかもしれないとか、訳注による以外では訂正すべきでないなど、あなたには理にかなったように思えるのでしょうか。自分たちの仕事に目が留まらないようにしつつ、必要あるところを明確にして正すことがないのなら、編集者は一体何のためにあるというのでしょう[138]。

『全集』の責任者たちは、ユングの死から比較的短い期間のうちに、ユングの出版されている著作の大半が手に入れられるように何とか都合をつけた。この価値は言うまでもない。それはユングの著作を広めるのに計り知れないほどの効果を持ってきたし、また英語圏における分析心理学という専門職の発展を促進してきた。ユングの著作が最も大きな影響を与えたのが英語圏であったというのも偶然ではない。さらに、全集を準備するための研究のなかで、編者たちはユングの著作の歴史的な発展を理解するために多くの重要な貢献をなした。しかし後知恵の利ではあるが、夥しい数の不十分な箇所があるのは明白である。これらの不十分さが、いかにユングの著作の理解およびその発展を妨げてきたかについては指摘しておく必要がある。無批判に『全集』に依拠し、ユングの著作の編集の仕事をすでに完了してしまったものとして見なす限りにおいて、この障害は障害であり続けるのである。

『全集』をめぐる第一の大きな困難は、その内容の選択にある。マリアンヌ・ニーフ

138　一九六四年一一月二三日。R.F.C. ハルによって試みられた、ある大きな改訂については拙著(Shamdasani, 1994)を参照のこと。

ス－ユング、レーナ・フルヴィッツ・アイスナー（Lena Hurwitz Eisner）、フランツ・リックリン・Jr.（Franz Riklin Jr.）、リリー・ユング－メルケル（Lilly Jung-Merker）、エリザベート・ルーフ（Elisabeth Rüf）そしてレオニー・ツァンダー（Leonie Zander）によって編集されたドイツ語版の『全集』は、ユングの希望により英語版に従っている[139]。それはその希望の通りになった。その結果として、英語版の編集の際に下された決定もまたそのままドイツ語版に持ち越されることになった。したがって、英語版における問題の多くは同じようにドイツ語版にも当てはまることになるのである。しかしながら、二つの版の間の調整は不十分であったので、ドイツ語版の編者たちは、ユングが英語版で特別に着手した改訂に気づいていないようなのである。この結果、英語版に含まれている重要な資料がドイツ語版に反映されていない箇所が存在することになった[140]。

編者たちが直面した大きな困難は、ユングの著作の完結した目録が存在しないことにあった。新しいテキストが絶えず出現していたのである。その上にユングの死後、さまざまな完成度の大量の資料が存在することがさらに明らかになった。これは「流動的資料」と呼ばれていた。こうした資料をどう処置すべきかという問いが、一九六四年にキュスナハトで持った会合で表面化した。この会合には、マリアンヌ・ニーフス、ヴァルター・ニーフス、フランツ・リックソン、アニエラ・ヤッフェ、ハーバート・リード、ジョン・バレット、そしてヴォーン・ギルモアが参加している。流動的資料を最終的にどう処理するかという問題は、種々雑多な項目を含む追加の巻が待ち

139　“Vorwort der Herausgeber”, *GW* 16, p. 9. ドイツ語の *Gesammelte Werke*（『全集』）については、Paul Bishop, 1998 を参照。

140　ハルはフォーダム宛の手紙に、スイスの編者たちはユングが英語版に加えた変化にあまり気づいていないと書いている（一九六九年三月一三日。CMAC）。この例に、ユングの「共時性」に関する論文（*CW* 8）がある。そこでは、英語版のために書かれた重要な一節がドイツ語版に反映されていない。

望まれていることを浮かび上がらせた。その追加の巻は、非公式に「がらくた巻」と呼ばれていた。会合に参加した人々は、そうした巻の必要性に対して反対する態度を示した。また彼らは、ユングが一九五二年に大幅に書き直した『リビドーの変容と象徴』の一九一二年の元の版を新しく翻訳するよう準備したいというハルの申し出にも反対していた。これらの議論は、『全集』がどうあるべきかについて根本的に切迫した状況があったことを示している。ハーバート・リードはリチャード・ハルに宛てて以下のように書いている。

> フォーダムとアドラーが、『全集』に関して私の考えてきたものとは常に違った考えを持っているのが今ではすっかり明らかになりました。私の考えでは、『全集』とは公認の版であって、ユングが残してほしいと望んでいたものが最終的に権威あるテキストになったものであろうと思うのです。フォーダムとアドラーは、いまや異文版としか呼べないもののために始終奮闘しているように見えます。彼らはユングがこれまで書いたもののすべてに素晴らしく重要な意味を与え、『全集』は彼の思想の発展を示すべきだと主張しているのです。[141]

キュスナハトの会合に参加した人々は、リードの考えに強く賛成する意向を示した（出席していない人々のうち、ハルはリードを支持し、マクガイアはアドラーとフォ

141　一九六二年三月二九日。RA.

ーダムを支持していた)。アドラーとフォーダムは、自分たちの権威が傷つけられていると感じていた。フォーダムは、ユングの既刊の著作のすべてが含まれる予定であるという理解のもとに、この企画を引き受けていた。彼がきわめて簡潔にリードに伝えたように、「ユングの書いたいかなるものも締め出すような基準も私にはない」のであった。[142] これらの議論では両派閥がともに、自分たちの提案こそユングの支持を得たであろうと主張していたのであった。

「がらくた」巻が最終的に進行していく間に、そこに入れる資料の選択は大幅に削減されていった。このことは、ユングの著述した遺稿全体の規模がキュスナハトの会合の時点で単に知られていなかったことを意味しており、目録が作られるのには一九九三年を待つこととなった。この目録に載せられた未公刊の資料の量は、それ以前に知られていたものをはるかに凌駕していたのである。

実際のところ、『全集』はフォーダムやアドラーよりもリードの理想にずっと近いものである。その帰結として、ユングの『全集』というものがありながら、これはユングの完全版からはかけ離れている。ユングの決定的に重要な既刊あるいは未完の著作が、『全集』に入らないままになっているのである。前者のカテゴリーには、知られていないものはもちろんのこと、知られているにもかかわらず締め出されたものが含まれる。こうして『全集』中のどれとも同じくらいに重要なユングによる多くの論文が、今日まで知られないままになっているのである。[143]

142　一九六四年五月五日。RA.
143　これらのうちのいくつかについては、拙著(Shamdasani, 2003)にて研究をおこなった。

ユング自身は厳密に年代順に並んだアプローチに賛成していたにもかかわらず、編者たちは主題ごとの配列を採用した。[144] ユングは経歴を重ねていく上で頻繁に著作を改訂し、小論の異なる版を異なる文脈で出版している。編者たちは、いくつかの例を除いて、特定の著作の最終的な版と見なされるものを採用することを方針としていた。しかしながら、何を最終的な版とするかは必ずしも明確であるわけではなかった。この結果として、ユングの歴史的に重要な記述や発言が『全集』には容易に見つけられないことになったのである。この一例に、一九一七年に出版されたユングの中心的な書物、『無意識的過程の心理学（*The Psychology of the Unconscious Processes*）』がある。[145] 別の例には、ユングとブロイラーの早発性痴呆の病因論に関する意見の不一致を彼らが詳細に論じている短いながら重要な論文もある。[146] さらにはこのアプローチの結果として、ある一節がいつ書かれたものなのかを確認することができないことがしばしばあるので、『全集』を基盤に彼の著作の発展を研究することが、不可能ではないまでも困難なものになっているのである。[147]

ユングの著作は誤りなく再録されたわけではなく、原版にはあるいくつかの節が『全集』版には再現されていないこともあった。たとえば、一九一六年の「無意識の構造（The structure of the unconscious）」の初版のテキストとされているものも、『心理学アーカイブ（*Archives de Psychologie*）』所収で出版されたものとは正確に一致していない。編者注のいくつかにも誤りが含まれている。『全集』第一八巻の注には、ユングが一

144 一九四八年一月二日付のフォーダムからジャック・バレット宛の手紙。BA. フォーダムが私に伝えたところでは、ユングは編者たちに放任主義の態度を取っており、概して彼らの考えるがままにさせていたという。

145 この本は、ユングの一九一二年の小論「心理学の新しい道（New paths in psychology）」に手を入れ、大きく発展させた改作であった。この小論と最終版は、『全集』中に一つしか登場しない。一九一七年版の重要性を理解していたハルは、その新しい翻訳をしたいと望んでいたが、許可を得られなかったのである。

146 フォーダムがマクガイアに伝えているところによると、「ハルはブロイラー／ユングの議論を公刊するのに反対していました……リードがこれに反対しているのだろうと、私にははっきり確信できます。このことが私を少数派にしているのです……」という（一九六〇年五月一〇日 BA）。フォーダムが関係者のなかで唯一、精神医学を背景に持つ人物であったことは偶然ではなかった。

147 『全集』を完全に省き、初版に依拠

九〇八年に『フォリア・ニューロ－ビオロジカ（*Folia neuro-biologica*）』誌に要旨を寄稿していて、「これらは特に重要な解説を含まない概要であるため、ここでは訳出せず、一覧を載せるのみとする」と述べてある。[148] しかし、これらの要旨を詳しく見れば、実際はそうではないことがわかる。また編者注には、一九〇七年のユングの論文「家族における観念連合（Associations d'idées familiales）」はユングのクラーク大学講義「家族の布置（The family constellation）」と似通っているため掲載しないと述べられているが、前者には後者にない重要な資料が数ページ分も含まれているのである。[149]

『全集』の編集資料はいくつかの重要な歴史的情報を提供してはいるものの、最小限に留まっており、これを歴史的な決定版というにはかけ離れたものになっている。編集資料に載せられた情報のレベルは、現在出ているフロイトの著作の『スタンダード・エディション』に比べればはるかに見劣りがするし、ましてやハーバード大学出版によるウィリアム・ジェイムズの著作集、あるいはまたボーリンゲン財団によるサミュエル・テイラー・コールリッジ（Samuel Taylor Coleridge）の代表的な著作集といった歴史的決定版に比べればもちろんそうである。したがって、たとえば、当の本や小論の成り立ちを明らかにするような書簡や草稿からの情報も書かれていなければ、ユングの用いた参考文献を関連づけたり解説したりするために書き加えられた注なども十分にないのである。

英訳に関しても、文学的なレベルにおいて文体こそ流暢である反面、加筆や修正、

した著者にC・A・マイヤーがいる。『C・G・ユングの心理学（*The Psychology of C. G. Jung*）』という数巻からなる教科書においてである。彼は、そうしたやり方においてのみ、ユングの着想の元の経路を辿ることができ、またそれを文脈の中に位置づけることができると指摘している（Meier, 1984, p. xii）。これがユングの著作の最も信頼できる説明を成していることは偶然の一致ではない。

148　*CW* 18, §1025.

149　*CW* 2, §999.

また概念の取り間違えや一般的な誤りなどを含む、改善されるべき点が数多く残されている。ハルの仕事についての十分な考察となるとこの章の範囲を超えてしまうが、以下に二、三の簡単な例を述べておくことにする。「心的なものの本質についての理論的考察」には、次の一文が存在する。それは、心理学の悲劇とは「自由に扱えるような筋の通った数学を持たずに、主観的偏見という計算法を持つのみである」というものである。[150] ところがこの最後の節は、元のドイツ語には存在していない。また、「集合的無意識の諸元型について」においては、英語版に次の一文が見出される。「扉とは、驚くべきことに、先例のない不確かさに満ちた無限の広がりである……[151]」。「しかし」ドイツ語には、この「扉（Tor）」の代わりに「死（Tod）」とある。この誤りのために、次の数行が意味をなさなくなっている。そして、「心理療法と牧会の関係について」には、英語版に次の一文が存在する。「心理療法家の態度は、心理療法の理論や方法よりもはるかに重要なものである[152]」。ところがこの文の最後の部分は、「心理学的な理論や方法」とあるべきである。この文の要点は、心理学と心理療法との対比にあるからである。また、一九四八年のチューリッヒのユング研究所設立の際に、ユングはその開会の辞において以下のように述べている。「象徴体系と比較しながらの症例検討的な夢研究は、心理療法にとって大きな実践的価値があるでしょう[153]」。この文は、英訳において丸ごと省略されている。筆者は、ポール・ビショップ（Paul Bishop）の「ユングの評判は、かなりの程度、原文の意味が損なわれた英訳版のテキ

150 (1946), *CW* 8, §421.
151 (1954), *CW* 9,1, §45.
152 (1932), *CW* 11, §537.
153 *CW* 18, §1138.

ストに基づいて形成されるのだろう」という見解に同意する。[154] 筆者およびこの問題を考えてきた者たちは、『全集』を完全に新しく英訳することが大いに望ましいと考えている。[155] 結局のところ、ユングの著作の目録も決して完璧なものではないのである。『全集』の企画が進むうち、ユングの講義や書簡の刊行物も収録することになった。一九七四年には『フロイト－ユング往復書簡』がウィリアム・マクガイアとヴォルフガング・ザウアーランダー（Wolfgang Sauerlander）の編集で出版されている。この版の編集は模範的なものであり、後に続くすべてのフロイトの書簡集の規範になってきた。フロイト－ユングの関係に関する後の非常に多くの二次文献は、この本の脚注に提供されている情報に大部分寄生してきたのである。

一九七三年と一九七五年に、ゲルハルト・アドラーとアニエラ・ヤッフェとの共同編集で、ユングの書簡の選集が出版された。編者たちは、一九〇六年から一九六一年までの間にユングが書いた一六〇〇通から、常務に関わる手紙を除いた一〇〇〇通以上を選出したと述べている。[156] これは、現存するユングの書簡のおよそ三分の二がこの巻で出版されたかの印象を与えるものである。一九七四年にはさらに、ユングからフロイトへの一九六通の手紙（このうち『書簡集』に収録されているのは七通のみ）が出版されており、これで未公刊の書簡は四〇〇通ほどしか残されていないということになるだろう。ところが、これは深刻な誤解である。筆者の調査によれば、これらの巻に掲載されているユングの書簡の量は一〇パーセントにも満たないと推定される。これ

154　Bishop, 1998, p. 375.

155　ユングの「心霊の本質についての理論的考察（Theoretical reflections on the essence of the psychical）」をハルが翻訳したものの一部の誤りについての詳細な研究は、David Holt（1999）を参照。

156　*Letters* 1, p. xii.

に加えて、ユングの書簡のみを出版し、相手からの手紙を載せないという方針によって、編者たちが含めようと選んだ書簡が効果的に脱文脈化されている。筆者が目を通したことのある未公刊の書簡と比べると、編者の選出した書簡の選択における問題は明らかである。編者が掲載した書簡のうち大部分を占めているのはユング後期のもの、実のところ、アニエラ・ヤッフェが彼の秘書を務めていた時期のものである。またさらに、編者たちは宗教の主題に関する書簡を優先させている。この結果、彼らの編集した本は、書簡のやり取りにおけるユングの人物像を十全に表現しえているものでは決してないのである。

『全集』と『書簡集』における不十分な点と信頼性の欠如の帰結として、我々は事実上、著作を「解体」し、基礎的な一次調査や初版と後の版の原稿の比較、および書簡全体の研究から始めなければならない[157]。これらの仕事はまだほとんどなされていない。こうした著作が正確な史学的方法に基づく版として出版されるべき理由は明らかである。つまり、いかなる思想分野においても、その質は一次文献の包括性と信頼性に決定的に依拠しているからである。そのような出版物がなければ、ユングに関する二次文献や三次文献は、今後も不安定な土台の上に基づいていくことになる。

一九六七年、ボーリンゲン財団は活動を休止し、ユングの著作のアメリカでの出版をプリンストン大学出版に譲渡している。その際、『全集』を完成させるための基金が残されていたが、合意条件のもと、それら未使用の基金はプリンストン大学へと返

157 テキストの初版が大きく修正されて、一九九二年に全集の一部として近年再び刊行された一例として、一九一六年のベアトリーチェ・ヒンクル（Beatrice Hinkle）による『リビドーの変容と象徴（*Transformation and symbols of the Libido*）』の訳が挙げられる。一九四二年四月一〇日、ユングはメアリー・メロン（Mary Mellon）に宛てて次のように書いている。「『無意識の心理学』は訳しなおされるべきです。実際問題、そうする必要が非常にあります」（JA. 原文英語）。また、ユングは一九四四年一月のスタンリー・ヤング（Stanley Young）からの質問への返答においても、著作の訳が改訂されるべきであると述べている（BA）。ジョセフ・ヘンダーソン（Joseph Henderson）によれば、ユングはこのテキストが翻訳されることを欲してはいたが、著作権の問題にぶつかっていたという（personal communication）。後にリチャード・ハルがこのテキストを翻訳しなおそうと求めたが、許可が下りることはなかった。一九六四年、アドラーがリードに次のように書い

還されることになった。ユングのなかでも最も重要で広範なものである一九三二年から一九四一年にスイス連邦工科大学でおこなわれた一連の講義さえ出版されないうちに、一九九〇年代には出版の進行が座礁してしまう。一九九〇年代後半には、未公刊の著作を数多く残したまま、プリンストン大学出版がユングの『全集』の打ち切りを発表している。ユングの『完本』は将来の課題として残されているのである。[158]

ている。「ヒンクルの翻訳が明確さと文体を欠いているために、ユングの心理学に多大なる危害を及ぼしてきたことはよく知られています。どんな形であれ、それを再発行することはひどい間違いであると思われます」（一九六四年一〇月一二日RA）。

158　この課題の完遂する資金を調達するために、二〇〇三年にフィレモン財団が立ち上げられた。詳しくは、www.philemonfoundation.org を参照。

第3章 異なる生涯

ここからは、ユングの死後に試みられた伝記に目を向けていくことにする。彼の後の伝記作家たちはいくらかでもより上手に「獲物を捕まえる」ことができているのを示しえたのだろうか。ユングが自らを「一般大衆の平均的な感傷的要求の餌」と見なしていなかったことは、他の人々が彼を一般大衆に向けた商業的な伝記のための格好のテーマだと見なす妨げにはならなかった。その上、『思い出・夢・思想』はすでに大ベストセラーになっており、それはユングの人生に対する大きな市場が実際に存在していることを示していた。こうして「ユング」は専門的な伝記作家にとって魅力的なテーマになったのである。

ここからの検討では、ユングが「無意識との対決」と呼んだ時期に特に注目する。それはユングの人生の、最も神話化された局面であるだろう。一九一三年以降、ユングは一連の自己探究に没頭し、それは彼の後の研究の発展において、中心的位置を占めていると長い間考えられてきた。この時期になされたことを考える前に、その頃に起こった重大な出来事のいくつかを概観しておく必要がある。

一九五二年、『リビドーの変容と象徴（*Transformations and Symbols of the Libido*）』改訂版の序文の中で、ユングはその論文（一九一二）を著したすぐ後に、神話なしに生きるということが意味するものの重要性を悟ったと想起している。その結果として、彼は次のように記している。

> 私はきわめて真剣に、自らに問わざるをえなかった。「おまえが生きている神話は何なのだ」。私には、この問いに対する答えが見当たらなかった。私は自分が神話と共に、あるいは神話の内にさえ生きておらず、むしろ見解の可能性という不確かな雲の内に生きているのだということを認めなければならなかった。そして私はそれをますます疑いをもってながめていた……ゆえに当然ながら、私は「私の」神話を知ることが私自身の義務であると考えた。そして私は、これを責務の中の責務であると見なした。というのも、私が自分自身に言い聞かせたように、患者に会っているとき、他者を知るためにもそれほど必要な個人的な要因、私の個人的な方程式に対して私が無自覚であったとすれば、いかにそれを考慮に入れることができるだろうか[159]。

159　Jung, *CW* 5 (1952), pp. xxiv-xxv. ベアはこの出来事を誤って一九一五年としている（Bair, 2003, p. 255）。

この問いによって、ユングは長期にわたる一連の自己実験に着手することになった。一九二五年のセミナーにおいて、ユングは一九一三年の一〇月の、シャフハウゼンへの列車の旅の途中で起こった出来事について語っている。

> 私は列車で旅をしており、手には読みかけの本を持っていた。私は空想にふけり始め、気づけば私は自分が向かっていた町にいた。その空想とは、次のようなものだった。私は落ち着いた気分でヨーロッパの地図を見下ろしていた。その北側のすべての部分とイングランドが沈んでいき、海がその上に満ちてくるのが見えた。それはスイスまでやって来た。すると、スイスを守るために山々が高く高く隆起していった。私は恐ろしい大惨事が進行しているのだということに気づいた。町や人々が滅ぼされ、瓦礫や死体が水面に揺れていた。すると海全体が血に変化した。はじめ私はただ冷静に眺めるだけだったが、やがてすさまじい力で破局の感覚が私を捕らえた。私は空想を押さえ込もうとしたが、それは再び現れて、二時間にわたって私を離さなかった。三週間か四週間後、またしても私が列車に乗っているとき、それは再びやって来た。それは同じ情景の繰り返しで、ただ血がより強調されていた。[160]

このとき、ユングはこれの意味することが理解できず、「私は、自分が過剰に補償

160 Jung, 1925, p. 41.

された精神病にかかっていると感じた。そして一九一四年八月一日まで、私はこの感覚から解放されなかった」と述べた。[161] ユングは最初、この覚醒ファンタジーを主観的で予見的に捉えていて、自分の世界が今まさに崩壊しようとしていることを表現していると見なしていた。第一次世界大戦が勃発したとき、彼はこのファンタジーが彼自身に起こるであろうことではなく、ヨーロッパに起こることを表現していたと考えたのだ。

この覚醒ファンタジーの後、ユングは自己観察の過程に専念した。[162] 一九〇〇年頃までつけていた日記を、彼は自己観察の手段として再びつけ始めた。彼はファンタジーを書き留め、それを研究した。自らのファンタジーを研究するなかで、彼は自分がこころの神話創造機能を研究しているのだということに気づいた。

一九一三年一二月一三日、彼は覚醒状態においてファンタジーを能動的に誘発することを決意した。その最初の試みの際、彼は暗い洞窟の前にいて、その入り口はミイラ化した小人によって塞がれていた。それは、彼が過去に押しつぶした小人だった。赤い石が目に入り、彼はそれを泥水に手を入れて摑もうとした。その石は岩に開いた穴を覆っていた。その穴に耳を近づけると、水の流れる音が聞こえ、以前に殺された男が通り過ぎるのと、黒いコガネムシが見えた。その流れの底には赤い太陽が輝き、壁にはうようよとその太陽に向かって這う蛇がいて、やがてそれを覆い隠した。血が噴き出し、そして静かになった。[163] そのことを振り返って彼は次のようにコメントして

161　*Ibid.*, p. 44.
162　Protocols, LC, p. 23.
163　Jung, 1925, pp. 47-48; Jung/Jaffé, 1962, p. 203.

いる。

もちろん私には、それが英雄と太陽の神話であり、死と再生のドラマであり、エジプトのコガネムシによって象徴される復活であるということがわかっていた。その終わりには、新たな一日の始まりが続くはずだった[164]。

先に引用したが、五日後、彼は、ジークフリートの殺害という重要な夢[165]を見る。彼はその後も、覚醒状態においてファンタジーを呼び起こすことを続け、ほどなく一連のファンタジーの中でエリヤとサロメという人物に出会った[166]。ユングは彼らを、「サロメはアニマの像である。……エリヤは認識的要素の、サロメはエロス的要素の人格化である。……これらの像をロゴスとエロスの人格化であると言うこともできるだろう[167]」と解釈する一方で、ただちに「これは知的な遊びにとっては有用である。……しかし……それらの像は、それらがそうであるままに、つまり、出来事や体験として、そのままにしておくほうがずっと良い[168]」とも警告している。これから見ていくことになるが、ユングの助言に反し、多くの人々がこうした「知的な遊び」に非常な魅力を感じたのである。

この時期のユングのファンタジーにおいて、重要な人物はフィレモンであった。『思い出…』において、ユングは、夢にフィレモンが初めて現われたときのことを回

164 Jung/Jaffé, 1962, p. 204-205. Jung, 1925, p. 62を参照。
165 本書七五頁を参照。
166 Jung, 1925, pp. 63-64.
167 *Ibid*., p. 89.
168 *Ibid*.

想している。その夢の中では、海のように青い空が、バラバラに砕かれているように見える茶色い土くれで覆われていた。そこで突然、彼は、カワセミの羽と雄牛の角をはやした一人の老人が鍵束を持って空を横切って飛んでいるのを目にしたのだ。この夢を見た後、それを理解することができなかったので、ユングはそのイメージを絵に描いてみることにした。そして、そうしている最中、湖畔にあった自宅の庭の奥で彼はカワセミの死骸を見つけて驚かされる。というのも、カワセミはチューリッヒ周辺では珍しいものだったからだ。それ以来、フィレモンはユングのファンタジーの中で重要な役割を果たすことになった。[169] ユングにとって、彼は優れた洞察を象徴し、グルのような存在であった。ユングはキュスナハトの自宅の庭を歩きながら、しばしばフィレモンと対話していたのだろう。アニエラ・ヤッフェによれば、「彼は純粋に優れた知であり、私に心理学的な客観性と魂の現実性を教えてくれた。……彼は、私が考えてもいなかったあらゆることを明確に述べ、そして表現してくれた」とユングは回想したという。[170] ユングのファンタジーのフィレモンという人物像は、オウィディウスの『変身物語』とゲーテの『ファウスト』に描かれたフィレモンに基づいていた。

ユングの生涯におけるこの時期は、伝記作家だけでなく、小説家や脚本家たちの関心も引きつけた。破滅的な洪水というユングの覚醒ファンタジーは、モーリス・ウェスト（Morris West）の小説『世界はガラスでできている』の中で大きく扱われている。ウェストはそれを夢として仕立て直し、さらに次のような詳細を付け加えた。

169　Jung/Jaffé, 1962, p. 207.
170　Protocols, LC, pp. 23-24.

次に私は死者のなかから知人を識別し始めた。そこにはフロイトがおり、ホーネッガー、エンマ、私の子どもたち、そして父がいた。恐怖と恥に私は押しつぶされた。なぜなら、彼らは死に私は生きており、かつ、私は暖かい客車を離れわが身を溺死する危険に晒すことを望んではいなかったからだ。[171]

さらにウェストは、ユングのこの夢に対する解釈についての架空の記述をし、以下のような改ざんを加える。

かつて浮気をしたことのあるすべての既婚男性と同じく、私ももう一度独身で自由な身になることへのファンタジーを持っている。妻、家族は、そうした自由にとっての障害である。私の無意識には、もし彼らが死ねば、私の抱えている問題はすべて解決されるという考えが潜んでいるのだ。フロイトと私の父親は別の文脈で結びついている。父はもう死んでいて、私は彼の支配から解放されている。もしフロイトが死ねば、私は彼の大いなる権威を受け継いで然るべきなのだ。[172]

ここからは、フロイト中心的なユングの伝説が小説家のファンタジーにまで浸透しているということがわかる。

この覚醒ファンタジーは、クリストファー・ハンプトン（Christopher Hampton）の戯

171 West, 1983, p. 105.
172 *Ibid.*, p. 107.

曲『お話療法』においても、一九一三年の夏にユングがザビーナ・シュピールライン（Sabina Spielrein）に語った「反復夢」として、取り上げられている。

ザビーナ：あなたはそれが何を意味すると思っているの？
ユング　：まったくわからない。それがまさに起ころうとしている、ということ以外はね。後から思うと、気分が悪いし恥ずかしいよ。君はどう思う？[173]

ユングは、一九一三年にシュピールラインに会っておらず、このような対話は決して交わされていない。

C・G・ユング伝記アーカイブ

ユングの死を知らされた後、彼の教え子であった心理学者のヘンリー・マーレイ（Henry Murray）は分析心理学者のフランセス・ヴィックス（Frances Wickes）に、「偉大なる指導者の死は自然界の天変地異に匹敵する」と書いた手紙を送った。マーレイは質問を投げかける形で次のように続けている。

173　Hampton, 2002, p. 85. このファンタジーについてはフィンドリーもいくらか装飾を施している（Findlay, 1999; p. 477）。

この世に、彼の伝記を執筆するという困難な仕事に見合う能力を持ち合わせている人が、果たしているでしょうか。おそらく何人かの才能があって献身的な仲間が――時期が遅くなり過ぎないうちに――彼に近しかった人々や彼と交わしたわずかな会話によって多くの恩恵を受けた人々の印象や素描を予備的に採集したものや撰集したものを編纂することは可能でしょう。彼との面会をテープレコーダーに記録したものは、後に書かれる包括的な伝記のための基盤になるかもしれません。[174]

マーレイは、ハーバード心理学クリニックで個々人の生涯に関する深層心理学的な研究の先鞭をつけた人物である。ヴィックスは以前から、ユングのさらなる著作出版に備えて蓄えを取り置いておくつもりをしており、一九六七年に彼女が亡くなった後、ヴィックス基金が設立された。マーレイはその基金の役員の一人であり、自らが数年前にヴィックスに提案した計画に着手したのである。

一九六八年、マーレイは、臨床心理学者のジーン・ナムチェに、ユングの伝記プロジェクトを引き受ける気があるかと話をもちかけた。マーレイがナムチェを選んだのは、彼がナムチェの生涯研究に関する調査について良い噂を耳にしており、また、そのプロジェクトをユング派ではない誰かに引き受けてもらうことが重要だと感じていたためである。マーレイは、ジークムント・フロイト・アーカイブが指揮を執ったフ

174 22 June 1961, Frances Wickes Collection, LC.

ロイトに関するインタビュー・プロジェクトの深刻な欠点は、そのインタビューがフロイト派、すなわち、クルト・アイスラー（Kurt Eissler）によってなされた点にあると考えていた[175]。

ヴィックス基金が、ユングの伝記プロジェクトのための資金を提供した。プロジェクトの狙いは、ユングを知る人々にインタビューをし、彼らの思い出を記録することであった。プロジェクトの過程でインタビューのために連絡をとった二〇五人中、それを拒否したのはたったの六人だけであったとナムチェは書き記している[176]。断った人のうちの何人かは、それに対して興味深い理由を挙げた。

カリー・ベインズは、ヴィックス基金宛に、ユングを知る人々のインタビュー記録をもとにしたユングに関する本のためにインタビューを受けることを断わる手紙を書き送っている。

> こうした類の本は、ユングへのより深い理解と言うよりもむしろ浅い理解を導きやすいと私は確信しています。それぞれの個人的な報告は、ユングの性格の非常に限られた側面についてしか語ることができないでしょう。なぜなら、私が思うに、誰も、彼に最も近しかった人々でさえ、彼を全体として知ることは決してなかったからです。その上、私がチューリッヒに住んでいたのは、もうあまりに遠い昔のことになってしまいました。こうした状況にある私には、ユングの正当な

175　ジーン・ナムチェからの情報。“The origins of the C. G. Jung biographical archive”, R. D. Laing archives, University of Glasgow. フロイト・アーカイブの歴史については、Borch-Jacobsen and Shamdasani, 2001 を参照。

176　*Ibid.* 筆者が数えたところでは、カウントウェイ図書館の目録には一五二の異なるインタビューが掲載されている。

全体像を描き出すことができるとは思えないのです[177]。

ゲルハルト・アドラーもまた、二つの主だった理由を挙げてインタビューを断った。まず彼が特記したのは、ユングとの関係を語る際、自らの個人的な体験について語る気はしないが、それこそがまさに最も意味深い体験だった、ということである。彼はさらに付け加えて、内向型の人間である自分にとって、インタビューを受けるのは、外向型の人間よりもずっと難しいであろうということ、そして物語られた体験は往々にして偏ったものになりがちであるということも述べている。最も重要な理由は次のようなものであった。

私が断る一番の根拠は、それをめぐるあまりにも多くの投影や空想的な関係が存在しているということです。あまりにも多くの人々が、自らのユングとの関係に対して、まったく現実的でないイメージを抱いて生きています。現実の関係と空想上の関係を区別する方法など、私にはわからないのです[178]。

さらに彼は、そのインタビューを直接参照することを一〇年あるいは二〇年の間制限すると、その現実性と非現実性を評価することが誰にもできなくなるため、よりひどい状況を招くことになるだろうとも述べている。

177 一九六九年一〇月一日付のカリー・ベインズからアン・ファロン宛の手紙。McGuire papers, LC.

178 一九六八年九月一六日付のゲルハルト・アドラーからハザード・ギレスピー宛の手紙。*Ibid.*

一九七〇年代初期に七〇〇〇ページにわたる筆記録が、ハーバード医療アーカイブ（Harvard Medical Archives）に収められ、一九八〇年代にはこれらのインタビューの大半が閲覧可能になった。ナムチェにとってのインタビューの目的は、ユングの人間としての側面を描き出し、思想ではなく彼の個人的な交際に焦点を当てることにあり、それは大きな成功を収めた[179]。そのようなものとして、インタビューは計り知れぬほど貴重な情報源になっているが、残念ながらその手法は十分なものではなかった。多くの場合においてナムチェは、インタビューする相手の歴史的意義を十分に認識しうるだけの綿密な下調べをおこなわなかった[180]。それらのインタビューは多くのゴシップと噂を含んでおり、取り扱いには注意が必要である。カリー・ベインズとゲルハルト・アドラーが強調した問題は確かに的を射ている。また、ユングの業績に対するナムチェの理解の程度も不十分なものではあったが[181]、おおむねヘンリー・マーレイの目的は達成された。つまり、それらのインタビューは、後のあらゆるユングの伝記にとって必要不可欠な資源となったのである。一九八三年に、このインタビューの大部分が一般にも閲覧可能になった[182]。

エレンベルガー

一九七〇年は、アンリ・エレンベルガー（Henri Ellenberger）による『無意識の発見

179　Gene Nameche, "The origins of the C. G. Jung biographical archive", Laing archives.

180　この例としては、アルフォンス・メーダーへのインタビューが挙げられる。

181　ナムチェは一九六九年にヨランデ・ヤコービにインタビューをしたときの様子を詳述している。「彼女は私に『ナムチェ博士、あなたはもちろんユングの著作をすべてお読みになったのでしょうね』と言い、私は『ユングのすべての著作を読みました』と答えた。彼女は心から微笑んだ」。*Jung and persons : A Study in Genius and Madness*, R. D. Laing papers, University of Glasgow, p. 166.

182　ヴィックス基金が規模を縮小する際、最後の補助金がサンフランシスコのC・G・ユング研究所に与えられた。またジークムント・フロイト・アーカイブには、フロイトの手紙を入手するために五〇〇〇ドルの補助金が渡された（一九七〇年五月八日付のクルト・アイスラーからウィリアム・マクガイア宛の手紙。McGuire Papers, LC.）。

——力動精神医学発達史（*The Discovery of the Unconscious: The History and Evolution of Dynamic Psychiatry*）』が出版された年であり、ユング研究の重要な分岐点となった。厳密には伝記とは言えないが、エレンベルガーの研究には、ユングの伝記に対する重要な示唆が含まれていた。——残念ながら、それは伝記作家たちに広く受け入れられることはなかった。

エレンベルガーはモントリオール大学に勤務するスイス出身の精神科医で、現象学的精神医学に特に関心を持っていた。訓練を受けた歴史家ではなかったが、エレンベルガーの研究は精神医学の歴史の発展においてきわめて重要であった。エレンベルガーはオスカー・プィスター（Oskar Pfister）の分析を受けており、精神分析の歴史の中で一般的に認められているいくつかの出来事と、彼がプィスターやアルフォンス・メーダー（Alphonse Maeder）から直接に聞き知ったこととの間の不一致が、自らの歴史的研究の発端の一つであったと書き記している。[183] 彼はまず、方法論について系統立てて述べた。すなわち、「(1)何事も当然のこととしては捉えない。(2)あらゆることを確認する。(3)すべてをその文脈に置き換える。(4)事実と事実の解釈を明確に区別する」[184]ということである。

彼はこの自らの方法論について、同じ年に出版された「力動精神医学史を記す際の方法論（Methodology in writing the history of dynamic psychiatry）」と題された小論の中で詳細に述べている。彼の狙いは力動精神医学の歴史を正しく歴史学の中に定位させるこ

183 Ellenberger, 1970a, p. xiv. エレンベルガーについては、Mark Micale's introduction to Ellenberger, 1993 を参照。

184 *Ibid*., p. v.

とだった。彼はこのことを、通常の力動精神医学者は歴史学的方法の訓練を受けておらず、歴史的な知識も持ち合わせていないので、特定の学派の信奉者になりやすいと書き記すことから始めた。後半の点については、彼は次のように論じている。

> フロイト派やユング派の分析、あるいは他のそうした訓練を受けることは、明らかな利点を持っているが、歴史家にとっては深刻な不利益をもたらすことがある。たとえ自らが公平であると信じている場合でも、特定の学派の信奉者が他の学派の教えを歪んだ方法で捉えてしまうということは稀ではない。歴史家というのは、自身の学派について知っているすべてのことを「括弧に入れる」必要がある。そして、別の学派の教えを再構成するため、自らの研究対象と自分自身を同一化しようと努めるべきである。それは、精神医学的現象学者が統合失調症患者の内的世界を一つひとつ再構成しようと奮闘するのと同じである。[185]

この言葉は、エレンベルガーの史料編纂にとって類－現象学的観点の持つ重要性を示している。彼は伝記的データを綿密に調査すべきだということ、年代順に著作を研究すべきだということ、決して翻訳を信頼してはならないということ、そして、ある著者の著作集ではなく常に初版を読むということを強調した。歴史という学問の立場からは、こうした方法論は初歩的なものであるように見えるし、当然のこととして受

185　Ellenberger, 1970b, pp. 34-35.

け止められることだろう。しかし、伝説や噂、ゴシップに占有された分野にあって、こうした資料的根拠と一次的出典の重視は革命的なものであった。こうした手法は確かに時間を要するものの、「かつて疑問視されることもなく不幸なことにもっともらしい同じ誤りを漠然と繰り返している、二次的、三次的、あるいは四次的な素材に基づいてなされたものよりも、確実により満足のいく研究を生み出す[186]」ものであると彼は結論づけている。

エレンベルガーは、ジャネ、フロイト、アドラー、そしてユングに非常に長い章を充てている。ユングの業績はここにおいて初めて、精神分析に組み込まれたり従属させられたりすることなく、思想の歴史という文脈において提示された。一〇〇ページを優に超えるユングの章は、次のような言葉で始まる。

カール・グスタフ・ユングは、アルフレッド・アドラーがそうでないように、フロイトの精神分析から派生した人物ではない。彼の分析心理学は、フロイト派の精神分析が分析心理学の基準によって判断されるべきでないのと同様、精神分析の基準によって判断されるべきではない。両者ともが彼ら自身の哲学において理解されなければならないのだ。[187]

この言説が、一つの独立した分野としてのユングの歴史という領域の始まりを告げ

186 *Ibid.*, p. 39.
187 Ellenberger, 1970a, p. 657.

ていたと言っても決して過言ではない[188]。エレンベルガーの業績は二つの務めを果たした。すなわち、一つはフロイトの影からユングを切り離したことであり、もう一つは、他の発展や同時代の発展との関わりというより広範囲な領域の内側にユングの業績を再び結びつけたことである。ユングの生涯についてのエレンベルガーの記述の意義は、ユングの着想と業績の展開を重視したという点にある。そのユングの生涯に関する研究は決定的に、力動精神医学史の広範な再文脈化の中にはめ込まれていた。このように、エレンベルガーによって、ユングの生涯についての記録文書をもとにした研究が開始された一方で、『思い出…』の位置づけは不問に伏されていたのである。

概念的に言えば、エレンベルガーの業績は、歴史家のアプローチと実存主義的な精神医学者のアプローチを結びつけた。これら二つの志向性はしばしば、緊張関係に陥りがちである。彼がユングを扱う際の一つの特別な着想は、「創造の病」という概念であろう。ノヴァーリス（Novalis）の次のような言葉からヒントを得て、一九六四年に彼はこのテーマについての小論を執筆した。

病は人類にとって確かに重要な問題である。おびただしい数の病があり、誰もがそれらに抗して闘わなくてはならないからだ。しかしそれらを上手に役立てる方法についての我々の知識はまったく不十分である。病はおそらく、我々の思考と活動にとっての最も重要な素材であり刺激剤なのだ[189]。

188　Eugene Taylor, 1996 を参照。最初の歴史的モノグラフは、おそらくジェイムズ・ハイジックによる模範的な研究だろう。James Heisig, *Imago Dei : A Study of Jung's Psychology of Religion*, 1979.

189　Ellenberger, 1993, cited, p. 328. ドイツのロマン主義における病についてはDavid Krell, 1998 を参照のこと。

エレンベルガーは、「神経症あるいは心身症的な病の発現や消失」に隠された創造的な過程の歴史的な実例を見出すことができるかどうかという問いを立てている。彼は「創造の病」について次のような概略的な枠組みを示した。その病は一定期間にわたる極度の知的な作業の後に始まり、その病の間、人は知的、霊的、美的な問題に占有される。病の終結は一連の心理学的苦痛からの解放としてだけではなく、一つの啓示としても体験される。最後に、人格の変容が生じ、それによってしばしば追随者が獲得される。その例として彼は、シャーマンや宗教的神秘主義者、さらに注目すべきことに、フロイトとユングを取り上げている。ユングはフロイトとの決別の後、「ある種の遷延性の神経症的障害を患っていた」のであり、「それゆえにユングの教えの本質的な特徴は、彼の創造的な神経症の結果なのだ」[190]と主張する。「創造の病」は多義的な用語である。それは、問題となっているエピソードに下された「病」としての診断に異議を唱えるものではなく、そこには創造的な過程もまた含まれているということを指摘しようとする試みであった。不幸なことに、エレンベルガーの力動精神医学史が文脈を踏まえたユングの業績研究にとって非常に多くの重大な情報源を開示した一方で、創造の病という概念は、ユングを「創造的な神経症」へと矮小化するという正反対の方向に働いてしまったのである。

エレンベルガーの後、モノグラフ、論説、あるいは学位論文などの形をとって、さまざまな分野の学者たちによるユングに関する、そして彼の業績の展開の諸側面に関

190 *Ibid.*, p. 339.

する歴史研究が増加した。これらの著作は、精神医学、精神分析、心理学、心理療法の歴史の、さらには同時に始まっていた人文諸科学の完全なる書き直しにつながった。しかしこれらの著作は消散してしまって、分析心理学の職業集団やユングに関するより公的な議論にはわずかな影響しか及ぼさなかった。さらにこうした研究は、ユングの伝記を書こうとする継続的な試みにもほとんど影響を与えなかった。それは、今述べた流れとは別の展開を経たのである。残念なことに、エレンベルガーが推し進めた一般的な歴史学的方法論は、それ以前からのユングの伝記の流儀に決して取り入れられることはなかったのだ。

『ユング――その生涯と業績』

一九七六年には、バーバラ・ハナーが『ユング――その生涯と業績：伝記的回想録（*Jung: His Life and Work. A Biographical Memoir*）』という著作を出版している。ハナーは画家であり、ユングの分析を受けるため、一九二九年の初めにチューリッヒにやって来た。[191] 彼女はその後スイスに留まり、分析家として実践に携わっている。一九三〇年代に彼女は、ユングのスイス連邦工科大学での講義の要約を数巻にまとめ、同時にいくつかの彼の著作の翻訳も手がけた。[192]

彼女はその著作の序文で、自らの目的は、伝記的回想録として、自分の眼に映った

191　Hannah, 1976, pp. 190-191.

192　ベアはバーバラ・ハナーを同性愛者として捉えている（Bair, 2003, p. 364）。エマニュエル・ケネディというハナーの著作権遺言執行者はハナーの日記を所持しており、これは真実ではないと述べている。彼はまた、ベアのハナーに関する記述の多くは侮蔑的なものであるとも述べている（私信）。

ユングの生涯を描き出すことにあると述べている。多くの文書がまだユングの家族によって保管されており、研究のために利用することができないという状況にあって、詳細な伝記が書かれるのは時期尚早であると彼女は感じていた。彼女は、ユングの家庭生活についてほとんど知らないということを認めた上で、ただ彼女自身の立場から、すなわち分析の外側での彼を知る一人の教え子の立場から、ユングの生涯に接近しようとしたのである。彼女は、ユングがいかに「まず彼自身の心理学を生き、そのずっと後になって彼が生きてきたことを言葉にして表現したか[193]」を明らかにすることを目指していた。このように、彼女の焦点は、ユング自身の個性化の過程に当てられていたのである。そしてその副次的な狙いは、自分が死ねばそれで消滅してしまうだろう情報、なかでもユングのトニー・ヴォルフとの関係に関するものを記録しておくことにあった。一九六七年に執筆された「ユング自身の個性化過程に関する若干の考察(Some glimpses of the individuation process in Jung himself)」という論文でハナーは、ユングが人々の夢やアクティブ・イマジネーションの中に絶えず現れたことに触れ、それは「私たちに彼の存在を身近に感じさせ」、さらに、そのことによってユングの死は、彼女が影響を受けた他の人々の死のような「氷壁」にはならなかったと述べている。[194]見方を変えれば、彼女の伝記は、このような存在感を喚起しようと努めているとも言えるだろう。

その本のはじめの数章で彼女は、自らがユングから聞いた逸話や他の人から聞き知

193 *Ibid.*, p. 7.
194 Hannah, 1967, p. 10.

ったことで補足しながらも、『思い出・夢・思想』を多く用いている。しかし、その著作は、ハナー自身が一九二〇年代にチューリッヒに来て以降では、質的に違ったものになる。つまり彼女が物語るいくつかの出来事には彼女自身も立ち会っていて、ユングの仲間内の人々と彼女が知り合いであって、ユングによるコメントを彼女が書き留める方法をとったためである。ユングの「無意識との対決」に対するハナーの理解は、ユングのハナーへのコメントによって補足されつつ、『思い出…』における理解に忠実に従っている。ハナーの著作は、学術的な研究でも専門的な歴史書でもないが、ユングの心理学と彼の生涯との関わりにアプローチしたものであった。そこには、非常に貴重な直接体験による情報が含まれているが、彼女の言説を真実であると評価することが常に可能なわけではない[195]。仮にその著作に真偽の定かでないゴシップが含まれているとしても、少なくともそれは直接体験によるゴシップであり、数十年にわたって入念に加工されたようなものではない。ハナーの著作は「伝記的回想録」として、自らがしようと試みることに制約されてはいるが、この制約こそがその強みでもある。そうした点において、筆者はやはりこの著作を、ユングの伝記の中で唯一必須のものであると捉えている。後続する伝記はこの著作の重要性を高めたにすぎない。

こうした業績を評価する際には、そこで採択されている叙述の手法を見極めておくことが重要である。「死後の」伝記作家のうち、ハナーは、ユングとの年余にわたる直接的な関わりを活かして、その本を執筆することができた。そこでは、「ユングは

195　彼女の研究のこの側面に対して批判的であったのは、晩年のC・A・マイヤーである。ハナーが彼女の知りえなかったはずのことについて書いていると彼は述べた（私信）。

私に語った」といったような文章がしばしば見られる。『思い出…』において検討したように、一人称の語りは特定の記述を決定的なものとして捉えさせることに大きく寄与する。それに対して、この後見ていく著作においては、三人称の語りが採用されている。より弱いやり方とはいえ、この三人称の語りは、たとえ資料的根拠が提示されない場合でも、当該の伝記がユングの根本的な思想へと至る窓を提供しているかのような印象をいかにして与えるのか、ということについて考えていきたい。

『C・G・ユング——憑依された預言者』

一九七六年に心理療法家のポール・スターン（Paul Stern）は、『C・G・ユング——憑依された預言者（*C. G. Jung: The Haunted Prophet*）』というタイトルの伝記を出版した。スターンのアプローチは明らかに批判的なものであった。彼の見解では、ユングは科学者の仮面をかぶった「占い師」である。スターンは『思い出…』を「寓話という形を取った自意識の強い福音であり、ユング派の摂理に関する聖書」[196]であり、チューリッヒのユング研究所をユングの「神秘体」であると見なしている。またスターンは、ユングの生涯に関する物語を「発端にあった狂気の創造的な用い方を例証する強制力のある寓話」[197]であるとする。スターンの著作は、資料の参照も不十分で、参考文献に関する脚注もない。そこには、ナムチェのインタビューをもとにしたと思われる情報

196 Stern, 1976, p. 17.
197 *Ibid.*, p. 9.

がいくらか含まれているようである。

さまざまな形を取ってはいるが、ユングが発狂していたと最初に主張したのは、どうも精神分析家たちであるらしい、ということを指摘しておくのは重要だろう。彼らの立場はきわめて明確である。すなわち、ユングのいわゆる狂気は、彼が精神分析から離脱したことを説明するために用いられたのだ。その結果、彼の業績は単純に、精神病の産物として片付けられてしまうこともあった。たとえば、一九一二年一二月九日にフロイトはシャーンドール・フェレンツィ（Sándor Ferenczi）に「ユングは狂っている（独：meschugge）」[198]と書いた手紙を送っており、数ヵ月後にはカール・アブラハム（Karl Abraham）への手紙の中で同様の表現を用いている。[199] 一九一三年四月二五日、アーネスト・ジョーンズ（Ernest Jones）はフロイトに宛てて次のように書き送った。

先日のアメリカでの振る舞いに、彼が正常な人間のようには反応しないという感を（今まで以上に）強く抱きました。彼はひどく精神に混乱を来していると思わざるをえません。ワーズ島の精神分析的な（ψα）精神科医たちは、彼がパラノイアであるかのような印象を持ったことでしょう。[200]

狂気を引き合いに出す以外、ユングがフロイト派の「運動」から離脱したことを説明する術はなかったのだ。フロイト以降、こうした見解は精神分析家たちによって繰

198　Falzeder, Brabant and Giampieri-Deutsch, 1993, p. 440.

199　「ユングは狂気じみている（独語：verrückt）」（一九一三年六月一日付の手紙）。Falzeder, 2002, p. 186.

200　Paskauskas, 1993, p. 199.

り返し語り継がれ、効果的なプロパガンダとして作用してきた。一九八二年にアイスラーは「C・G・ユングの人格が持つ病理の始まり（Beginnings of a pathography of C. G. Jung's personality）」と題した小論を発表しているが、それは精神分析的なやり口での中傷の一例であり、ユングが病気であると診断することで彼の思想に不信感を抱かせようとしているのが明々白々である[201]。

スターンはユングの「無意識との対決」を「半ば精神病の時期[202]」として捉えている。彼の考えでは、ユングはその危機に対する解決策として「内なる精神病的な力を人格化し神話化しようとした[203]」。そのため、スターンから見れば、ユングの生涯は、一つの心理学が精神病から誕生したことを明示するものであり、ユングがそのような形で心理学を構築したことは、その心理学を拒絶するに十分な理由となるのだ。スターンの解釈は特定の出来事の意味に焦点を当てたものではなく、それらの出来事が明示していると彼が主張する、ユングの一般的な傾向に焦点を当てたものであった。ユングのジークフリートの夢に対し、スターンは次のような見解を示している。

> （ユングは）自らの解釈が実際にいかに独我論的で「ユング派的」であるかを理解できなかった。彼は自己分析という試みが不可避に宿命づけられている罠にはまり、夢を彼の理解したいようにしか理解しなかった。その盲点に気づかず、影という狭い世界に捕らえられ、それぞれの夢のイメージを単に彼自身の持つ別の面

201 Eissler, 1982. このような見解を示していたのがユングに批判的な者だけではなかったということを述べておかなければならない。たとえばアンソニー・ストーは、ユングが「精神病的症状」を体験したこと、そして「誇大妄想」に苦しめられていたことを主張している（Storr, 1997, p. 89, p. 91）。

202 Stern, 1976, p. 156.

203 *Ibid.*, p. 10.

として捉えることで、彼は外的現実の恐るべき衝撃を和らげることができたのである――そのため外的現実との接触を減らすという犠牲を払うことにはなったのだが[204]。

スターンはフィレモンを、ユングが「フロイトの内に探し求め、はっきりと見出し、そして悲劇的に失った」もの、「父性的な導き、すなわち、彼の霊的な要求を快く満たすもの」を表していると捉える[205]。しかし、スターンは、ユングがその厳しい試練を苦労して乗り越えたことを賞賛してもいる。

二〇世紀においてさえ、人はあからさまな狂気に至ることなく、幽霊や悪魔を「幻覚する」神秘家になれるのだということを、カール・ユングという人間は身をもって証明した。その点において、今日の我々にとってユングは重要である[206]。

スターンはユングの業績の社会的・知的文脈には関心を向けていない。ユングと彼の業績に対するスターンの全体的な評価は非常に批判的である。

知的な領域において、ユングの全体的な統合は、表面は見事な博識の装いで覆われているものの、まったくのところ、単なる言語的操作の次元にとどまっている。

204　*Ibid.*, p. 120.
205　*Ibid.*, p. 122.
206　*Ibid.*, p. 120.

ユングに対してしばしば言及される明晰さの欠如、大げさな文体、論理の飛躍、仮説と事実を区別する能力の不足、これら多くは、この統合の欠落の隠しようのない徴候である。そして、ここで詳細に列挙してきた伝記的事実は、実存的な領域における同様の失敗を示している。[207]

ユングの生き方に対する批判は、彼の業績の詳細な考察へと足を踏み入れることさえないままに、その棄却へとつながる。このようにして伝記は、世界的規模でのユング批判にとって手軽な手段を提供したのである。

『ユング——人と神話』

プロの伝記作家ヴィンセント・ブローム（Vincent Brome）は、一九七八年に伝記『ユング——人と神話（*Jung: Man and Myth*）』を出版した。そのカバーにある宣伝文によると、その本は「半ば神秘的な救済者の神話に隠された真実を明らかにする」とのことである。ユングとも二度会ったことがあるブロームは、ユングを知る三〇人の人々にインタビューをおこなった。インタビューをしたうちの何人かについては、彼はその名前を明らかにしていない。最初にブロームは、その著作が決定版ではないことを述べ、それが公刊されるまでにはさらに三〇年の年月が必要であろうと展望している。[208]

207 *Ibid.*, pp. 256-257.
208 Brome, 1978, p. 12.

ブロームは、ユングの幼少期と晩年について記述するため、その疑わしさには無自覚に『思い出・夢・思想』を多く用いている。ユングの業績に対するブロームの態度は、「ユングのこころに関するモデル」という付録において明らかである。そこでのブロームは、ユング思想の概観を提示し、それを批判している。彼は精神分析に対してより好意的であり、ユングに関するフロイト派的解釈を提示した[209]。したがって、ブロームのアプローチは、歴史学的と言うよりも、むしろ心理伝記的なものとして特徴づけることができる。ブロームはユングの業績に対する彼の全体的な評価を次のようにまとめている。

言うならば、人間のこころに関するユングのモデルが自伝を心理療法に転換したと言えるのではないか。彼はそのモデルのあらゆる細部を体験し、それはあたかも、入念になされた自己分析の過程を、普遍的な妥当性が備わっているとユングが確信していた抽象的な理論へと高めたかのようであった[210]。

もしこうした立場を取るのならば、ユングの伝記は彼の業績とその起源を理解するための鍵を提供するということになる。このような立場は知の歴史を否定するものであろう。

ブロームの心理伝記的アプローチはとりわけ、ユングの「無意識との対決」に関す

209　一つの例として、ユングのエディプス・コンプレックスについてのブロームの解釈が挙げられる。*Ibid.*, p. 35.

210　*Ibid.*, p. 284.

る彼の見解において明らかになる。彼はそれを「虚脱状態」として理解していた。より正確には、ブロームはユングを「躁うつ病を患った循環気質的人格」と診断し、ユングの「病」には遺伝的な要因が存在していたのではないかという問いを提起したのだ。[211]

自らの自己探究は意図的に着手された企てであるというユングの言説に、ブロームは次のように反論している。

どれほど深くその過程に意図が差し挟まれたのか、そして彼を自らの幼少期に思わず知らず立ち戻らせたものがどの程度まで病理的な力だったのか、それらを明確に区分することは困難である。……非常に複雑、かつ豊かであり、力に満ちたこころによって、理性的に意図されたものと否応なく避けられないものとの区別ができなくなるまで、想像しうるあらゆる合併症がその過程に異系交配したのだ。[212]

ユングの重要な夢とファンタジーは、還元的に解釈されることを余儀なくされた。このことは、ユングの「無意識との対決」をブロームがどのように扱っているかを検討することで明らかになるだろう。

ブロームは、先に引用した一九一三年一二月一三日にユングが体験した覚醒ファンタジーとジークフリートの夢を、フロイトからの「外傷的」決裂という観点から解釈

211 *Ibid.*, p. 168, p. 162.
212 *Ibid.*, p. 158.

している。覚醒ファンタジーに関して、彼は次のように述べる。

ユングは六フィート、フロイトは五フィート七インチ、一方は他方に比較すると小人のようであり、最初の夢では洞窟の入口がミイラ化した小人によって塞がれていた。死んだフロイトによってユングの再生に向けた奮闘が強力に阻止されていたのである。だからこそ、洞窟の中で新たな一日の到来を告げる太陽が昇ったとき、死んだフロイトは突然、勢いよくほとばしる血の噴射によってすべてを消し去ったのだ。それは同時に再生と死を象徴していた。[213]

ブロームは、ジークフリートの夢をユングのフロイトとの「同一化」を想定して解釈している。[214] 彼は『思い出…』に記載されたファンタジーや夢に対するユング自身の解釈を傍らに押しやったのだ。彼のアプローチは、この期間のユングの体験を人間関係の力動という観点から見るものであった。つまるところ、ユングの「無意識との対決」に対するブロームの全体的な解釈は、次のようなものである。

一つの形式の神を信仰し、ごく「正常」で、月並みに信心深い既婚男性が次第に、潜在的には両性愛的であり、不義をはたらき、人格を備えたキリスト教の神との間に不調和を来し、一点の相違によって自らの父（すなわちフロイト）を殺害す

213　*Ibid*., p. 163.
214　クルト・アイスラーにとって、ジークフリートは息子イメージであり、それゆえ、あくまでアイスラーによると、それはエディプス期の最中にあったフランツ・ユングを表していた（Eissler, 1982, p. 119）。ロバート・スミスは「精神分析的な解釈のほとんどすべてがジークムント・フロイトとジークフリートとの間に直接的で明示的な繋がりを認めている」（Smith, 1977, p. 168）と述べている。

ることのできる人間であることを露わにした[215]。

フロイト中心的なユングの読解が孕む誤りは、この解釈の中に容易に認められる。さらには、フロイトがまったく登場しないテキストに「フロイト」を挿入するために、精神分析的解釈がいかに用いられるかということも見て取れる。この時期、ユングはフロイトのことで頭が一杯で「なければならず」、それゆえに、これらの体験はフロイトとの関係に関わるもので「なければならない」。エディプス的な敵意に帰する以外に、ユングが実際にフロイトを殺害することができたという証拠など、どこにあるのだろう。こういった解釈の問題点は、それらがまったく根拠なく自由になされることである。このような解釈法を採れば、それを支持する証拠が何ら必要とされることなく、何でも何かを意味することができてしまう[216]。

歴史学的な研究においては、ジャーナリズムとは違って、参考文献や情報源を明確に提示することがきわめて重要である。なぜならそれによってのみ、別の学者たちが当該の素材の信頼性と、それについてなされる主張を査定することが潜在的に可能になるからだ。ブロームの著作の特徴は、彼が匿名の情報源に依拠しているという点にある。新婚旅行中にユングと妻との間で交わされた金銭にまつわる議論は「匿名のイギリス人精神科医」からの情報ということになっている[217]。ユングが末娘の泣く声で目を覚まし、トニー・ヴォルフに慰めを求めて出かけたと伝えられている出来事は、

215 Brome, 1978, p. 168.

216 ユングがフロイトに対する「死の願望」を持っていると最初に断定したのはフロイト自身である。一九〇九年、彼らはブレーメンで会っており、当時そこで発見された複数の遺骸に対するユングの関心を、フロイトはそのように解釈した。ユングはベネットに次のように語った。「自分自身をフロイトと結びつけた際、私はみずからに焼印を押したのです。なぜ私が彼の死を望まなくてはならないのでしょう。私にはわかったのです。彼は私の進む道に立ってはいませんでした。彼はウィーンにいて、私はチューリッヒにいたのです。フロイトは彼自身の理論と同一化していました――この場合で言えば、その死をすべての若者が望んでいるに違いないと考える老いた酋長の理論。息子は父親にとって代わることを欲さなければならないのです。しかしフロイトは私の父親ではありませんでした！」(Bennet, 1961, p. 44)。ジョーンズによると、ユングが絶対的禁酒主義下にあったブルクヘルツリを去って以来、初めてアルコールを飲も

「X」氏とのインタビューで語られたものである。[218] ブロームは、自らに話をしてくれた、「類似の情報源から確証された言語的証拠に過ぎないものによって、匿名性という重いマントをまとった」匿名の人物について言及する。[219] そこには、陰謀の網が張り巡らされている——匿名の情報源が別の匿名の情報源によって裏打ちされているのだ。ブロームは、これらを信頼に足るものとして受け止めることは誤りだろうと言うだけの慎重さを示してはいるが、同じ文章の中で続けて、別の匿名の証言も紹介している。その人物は「事情を詳しく知っており、彼（ユング）を偉大な愛人ではなかったと評し、彼の性衝動は非常に直接的で、あらゆる神話形成的な語りが単純な情愛の雲の中へと消え去った」と語った。[220] 性欲に関する話題と匿名性はしばしば手を結ぶようである。これらの解釈の真実性を評価することも、それらがどの程度まで一次的な、二次的な、あるいは三次的な証拠に根ざしているのかを確認することも、証言の信頼性を判断することも、我々にはできない。ユングの場合、ブルクヘルツリにいた初期の頃から彼の周りに存在した幻想とゴシップの量を考慮に入れるなら、このことは著しい問題を引き起こす。先に見たように、カリー・ベインズとゲルハルト・アドラーがユングの伝記プロジェクトのためのインタビューを拒否したのはこういった類の理由からであった。

　ブロームはユングの患者であった女性からの情報を提示しているが、彼女は匿名とすることを強く主張し、ブロームは彼女を「アンナ・マリア」と名づけた。アンナ・

うと勧められたのはブレーメンであったという（Jones, 1995, pp. 61, 165）。この点については、ポール・ローゼン（Roazen, 1974, p. 246）、マクリン（McLynn, 1996, p. 135）、ベア（Bair, 2003, p. 161）によって繰り返し指摘されている。しかしながら、ジョーンズの伝記へのコメントの中で、ユングはベネットに対して、この点は誤りであり、自分は酒を飲んでブルクヘルツリからの退去を祝ったと述べている（一九五九年九月一八日のベネットの日記。Bennet papers, ETH）。

217　Brome, 1978, p. 83.

218　*Ibid.*, p. 170.

219　*Ibid.*

220　*Ibid.*

マリアはイギリス人女性で、摂食障害のために一八歳のときにユングのもとへ連れて来られたのだという。ブロームは「この症例はとりわけ興味深い。この患者によってユングは自らの新しい――神話的な――分析を発展させたからだ」と述べている。[221] もしこれが事実であれば、この患者は決定的に重要な症例ということになるだろうが、我々にはその分析がおこなわれた日付さえ知らされていない。歴史学的な観点から言えば、このようにそういった詳細を欠く情報は使い物にならないのである。

『ユングと人々――天才と狂気の研究』

一九八三年にナムチェは、R・D・レインとの共著で『ユングと人々――天才と狂気の研究（*Jung and Persons: A Study in Genius and Madness*）』と題された、ユングに関する短い伝記の原稿を書き上げた。この研究は一度も出版されていない。この著作の焦点はユングの他者との関係性にあり、レインとナムチェは序章で次のように述べている。

我々は、ある偉大な人間精神の存在を追想することに、そして、プラトン主義とフロイト派がそれを許容しそれと和解し、さらにはそれを祝福さえすることに寄与すべく本書を提供する。彼は聖人でも豚でもなく、一人の救いがたい人間であった。メキシコのことわざにあるように、人間とは素晴らしい。[222]

221　*Ibid.*, p. 178.
222　R. D. Laing papers, University of Glasgow, p. iv.

彼らはユングの伝記に着手する際に必ず課される条件を指摘した。

しかしながら、ユングに対して徹底的に否定的な方向へ突き進むためには、自らの立場を確立しておかなければならない。おそらく彼は愚か者で、ほら吹きで、まったくのろくでなしなのだろう。しかしこうした判断を下すための正当な権利を得るには、自分自身に関して入念な準備をおこない、かつ、少なくとも彼が取りかかっていたことを正しく理解する位置にいる必要がある。いくらかの人々が愚かにも想像していたり、多くの他の人々が信じたがっていたりするように、彼は完全に無意味なことばかりに精を出していたわけではないのである。[223]

この著作の章立ては以下のようになっている。

1. 過去からの祖先と幽霊
　遺産と異端
2. 幼少期の経験の基盤（一八七五〜一九〇二）
　人から人へ
3. 若きユング博士（一九〇三〜一九一二）
　フロイト、家族と名声

223　*Ibid.*, p. iii.

4．中年期の新たなる方向づけ（一九一三～一九二五）
　虚脱状態、内と外
5．イドとの関わり（一九二六～一九四五）
　旅と名誉、そして戦争と懸念
6．男性たちの周囲にいるユング
　嫉妬、汚名と忠誠
7．ユングの周りの女性たち
　二つのクワイア：唯一の救い？
8．老いたユング博士（一九四六～一九六一）
　喪失、名声と石の彫刻

時おり見られる洞察を除いては、レインとナムチェの伝記は期待外れの著作である。そこには、レインの才能も感じられなければナムチェの研究も活かされていない。実際にこれを書き始めたときには、ナムチェはインタビューから得た情報の多くを忘れてしまっていたようだ。この著作は彼のインタビュー・プロジェクトの集大成とはまるで言えない代物である。[224]

224　一九八四年にコリン・ウィルソンは、『ユング——地下の大王』と題された短い本を出版した。この著作もやはり、彼の生涯の叙述、すなわち、この場合には『思い出・夢・思想』によって提供され、ブロームの伝記によって補完される詳細の叙述という枠組みに乱暴にはめ込まれたユングに関する読みを提示している。

『ユング――伝記』

一九八五年にゲルハルト・ヴェーアはユングについての著作を出版した。そのタイトルは『カール・グスタフ・ユング――生涯、業績、影響（*Carl Gustav Jung: Life, Work, Effect*）』であり、『ユング――伝記（*Jung: A Biography*）』として英訳された。プロの伝記作家とは違い、ヴェーアはそれ以前に、ユングの思想の宗教的な側面についての著作を公刊していた。一九七二年にはユングとルドルフ・シュタイナー（Rudolf Steiner）に関する比較研究（Wehr, 1972）を、一九七五年にはユングの業績のキリスト教との関係について論じた著作を、分析心理学がいかに「深層神学」に寄与できるかを検討するという意図をもって発表している（Wehr, 1975）。このように、彼の業績は、ユングの思想への継続的な取り組みから生まれたものである。

先行していた伝記とは異なり、それは新たな記録文書的素材を提示することも、ユングを知る人へのインタビューを利用することもしていない。ヴェーアは、ユングの伝記として無批判的に受け止められていた『思い出・夢・思想』に多くを依拠している。ブロームの研究を検討した後なので、心理伝記的な解釈がなされないという点には安堵を覚えるが、その代わりヴェーアは、ユング自身の自らの体験に関する解釈を提示し、彼の考えへの強い理解を示している。[225] ヴェーアはすでに出版された素材を信頼していた。それゆえ、もしヴェーアの著作を傑出したものにする何か少しでも新し

225　一九八九年にヴェーアは、挿絵や写真の入ったユングに関する著作も出版している。そこには、それまで未発表であった多くの写真に加え、ユングの描画数点も含まれていた。

い点があるとすれば、それはいくつかの先行するユングの伝記に見られた欠陥の多くを踏襲せずに済んでいることであり、一般的に知られた事実が信頼性ある仕方で語られているということであろう。

ユングの「無意識との対決」に関するヴェーアの解釈は、ハナーの伝記からの情報によって補完されつつ、『思い出…』に忠実に従ったものである。ヴェーアは、ユングが「神経症と精神病との狭間にある『境界例[226]』」であるという自らの診断を付け加えている。ヴェーアは、ユングの企てが本当に自由意志によるものであったのかどうか、また、「彼を狂気の淵へと追い立てた」のが彼の「内的葛藤」であったのかどうか、ということに関して疑問を呈している[227]。しかし彼は、一九一二年のユングの著作『リビドーの変容と象徴』を引用し、こうした体験は、精神病理学的基準からのみ理解されるべきではなく、むしろ元型的な「夜の海の航海」の一例として捉えられるべきだとも付け加えている[228]。彼はまた、キリスト教の秘教の歴史にはユングの体験に類似したものがあったという点も指摘する。ジークフリートを殺害するユングの夢に関して、ヴェーアはユング自身の解釈に「多くのユダヤ人の同僚がかつて彼を『巨大なブロンドのジークフリート』であるかのように尊敬していた」という事実と、「ジークフリートとは、息子の名前としてザビーナ・シュピールラインが望んだものでもあった」という事実を書き添えている[229]。ヴェーアの伝記の末尾には、ユングの著作の文化的受容度、特に宗教的集団における受容度を概観する三つの小論が収められている。

226 Wehr, 1985, p. 175.
227 *Ibid.*
228 *Ibid.*, p. 177.
229 *Ibid.*, p. 180.

『カール・グスタフ・ユング――伝記』

一九九六年にユングの伝記を出版したフランク・マクリン（Frank McLynn）もまた、プロの伝記作家であった。この著作は「ユングの決定的な伝記になることを目指したものではない。そのような著作は、彼に関連するすべての文書が一般に公開されるまでは不可能だろう」と最初に彼は明言する。[230] この最後の文章はいくらか注意深い姿勢を表しているように思われるが、それは以下に続く文章によって否定される。「とはいえ、この先に明らかにされる事柄によって、ユングの学説とそれらが示唆したものに対する我々の見解が大きく変えられるとすれば、それは驚きである」[231]。いかにしてマクリンは、自分がまだ読んでもいないものの非重要性を知ることができるというのだろうか。それにもかかわらず彼は、将来の研究によってユングの「知られざる」愛人の名前と彼らの密会の日付が明らかにされるだろうという見込みを表明している。[232] 加えて、ユングの業績をめぐっては論争があるため、マクリンは「その人やその学説が引き起こす意識的あるいは無意識的な先入観を取り込んでしまう」ことを避けるべく、「専門家の助言や学問的な解釈を求めることはしなかった」[233]と言う。そこでは、ユングに関する新たな研究は一切提示されることがない。その代わり、ここにおいて我々はヴェーアの反転像を見ることになるのだが、ユングの生涯における既知の出来事とそれらに対するユング自身の解釈を丁寧にたどることもないままに、マクリンは

230　McLynn, 1995, p. ix.
231　*Ibid.*
232　*Ibid.*
233　*Ibid.*, p. x.

ユングに対してただひたすらに酷評的である。

マクリンは『思い出…』を無批判的に捉えており、このことが彼を性急な判断へと導いている。「ユングは、あらゆる意味において、エンマ（彼の妻）を愛してはいなかった。この事実は、アンソニー・ストーが示唆したように、『思い出…』において、エンマはまったく些細な文脈で二度言及されるにすぎないという単純な事実からも推測されうる」[234]と彼は主張する。同様に、彼はブロイラーへの言及の少なさについては次のように解釈する。「どうやらユングの父親に対する怒りは、あらゆる『父親像』に向けられたようである」[235]。しかしながら、『思い出…』のためのヤッフェとのインタビューのプロトコルを見ると、そこには、マクリンの空想的な推測が崩壊するような、妻とブロイラーに関するユングのいくつかの意義深いコメントが含まれている。

先入観を避けるどころか、この著作は、フロイト中心的にユングを捉えるという広く行き渡っている見方の典型であった。このような見方は、ユングの「無意識との対決」に対する彼の理解において明確に見て取れる。マクリンはそれを「ユングを深い裂け目の淵へと導く精神的崩壊に伴う一般的な過程」[236]と見なす。マクリンにすれば、ユングは「精神の病」に罹っていたのである。マクリンのユングに関する解釈においては、すべてがフロイトの周囲を巡っている。伝記作家の固定観念がユングに帰属させられているのだ。このことは、ユングのジークフリートの夢に対する彼の見解においても容易に認められる。「またしてもユングは明白な意味から逃れようとする。ジ

234 *Ibid.*, p. 83.
235 *Ibid.*, p. 57.
236 *Ibid.*, p. 233.

ークフリートがフロイトを意味しており、その殺害と罪悪感がユングの『親殺し』を表しているというのがよくあるユング派の解釈法であろう[237]」。マクリンは、サロメはトニー・ヴォルフを表していると主張しながらも、サロメはルー・アンドレアス・サロメ（Lou-Andreas Salomé）を表していたかもしれないという可能性にも余地を残している[238]。

ユングのフィレモンに関して、マクリンは「フィレモンの体験全体は、統合失調症的なエピソード、すなわち、精神病的症状であり、ブルクヘルツリの患者たちが体験していた妄想や幻聴と少しも違わない[239]」と断言する。マクリンがユングの描いたフィレモンに見たものは、ただフロイトだけであった[240]。だからこそ、フィレモンは「ヤヌス像、すなわちフロイト／ジークフリートを亡きものにした後にユングが自らの権威を奪還した兆候であると同時に、グルや老賢人たちが自らの然るべき地位に帰還する人生後半の課題をユングが重視することの前触れでもある」と見なしうるのである[241]。

スターンと同様、マクリンもまたユングを科学者の衣をまとった預言者であると見なし、「もしユングが白状し、自分が預言者であると認めたならば、膨大な出版物を出さずにすんだことだろう[242]」と述べている。彼はユングの著作について、「知的な明晰さからはほど遠い[243]」と言うが、彼がどの程度それを熟知していたのかという点には疑問の余地が残る。たとえば彼は、ユングは「子どもの心理学には決して多くの関心を示さなかった[244]」と主張し、その結果、「ユング心理学の最も深刻な欠点はおそらく、

237 *Ibid.*, p. 237. マクリンが言わんとしていたのは「フロイト派の」解釈法だったのかもしれない。

238 *Ibid.*

239 *Ibid.*, p. 239.

240 *Ibid.*, p. 240. クルト・アイスラーは、フィレモンはフロイトの「補償(Ersatz)」であったとしている (Eissler, 1982, p. 121)。スーザン・ローランドは、フィレモンは「ユング自身の父親とフロイトの双方に関連づけられるだろう」と述べている。(Rowland, 1999, p. 46.)。

241 *Ibid.*

242 *Ibid.*, p. 316.

243 *Ibid.*, p. 311.

244 *Ibid.*, p. 103.

幼少期の理論や分析の欠落となった」[245]と結論づけている。しかしユングは子どもの夢について綿密な研究をおこない、それについて開催された数年にわたるセミナーが一九八七年にドイツ語で出版されている。[246]

ユングの恋愛関係に関して、マクリンは遠慮なく思うままに愛人の名を挙げている。ザビーナ・シュピールラインがミラ・ギンクブルグ（Mira Gincburg）に会うことをユングが戒めたことについて、彼は「おそらく彼女もまた、ばれては困る愛人の一人だったのだろう」[247]と主張しているが、この主張を裏づける証拠は何も示されていない。マクリンはさらに、何の証拠を提示することもなく、アプテクマン（Aptekmann）嬢とマルタ・ボッディングハウス（Martha Boddinghaus）もユングの愛人であったと述べる。[248]この著作から喚起されるユングのイメージは、精神病的な女好きのそれであるが、残念なことに、こうしたイメージはマクリンの伝記に限ったことではない。

『ユングの生涯』

また別のプロの伝記作家ロナルド・ハイマン（Ronald Hayman）が、一九九九年に『ユングの生涯（*A Life of Jung*）』と題した伝記を出版した。ハイマンは『思い出・夢・思想』の信頼性を警戒した最初の伝記作家であり、アニエラ・ヤッフェのユングへのインタビューのプロトコルを利用した。さらに彼は、彼自身のおこなったいくつかの

245　*Ibid.*, p. 314.
246　英語版は、現在準備中である。［訳注：本書の出版後、二〇〇八年に出版された（Jung, 2008）。］
247　*Ibid.*, p. 113.
248　*Ibid.*, p. 161. 一九一〇年九月八日付のフロイト宛の手紙の中で、ユングはモルツァーとボッディングハウスとの間には「私をめぐる嫉妬の情」があると書いている（McGuire, 1974, p. 352）。

インタビューで補足しながら、カウントウェイに所蔵されていたインタビューを活用した最初の伝記作家でもある。現在までのユングに関する伝記作家のなかで比較してみると、ハイマンはユングの実際の著作を要約するために最も多くの紙数を割いている。また、彼はユングの著作の既存の翻訳を信頼しておらず、時としてそれを修正したり、彼自身による訳で補ったりしている。これまでの伝記作家と同様に、ハイマンもチューリッヒのユング・アーカイブに情報を求めることはなかった。

彼に先行したスターン、ブローム、マクリンと同様に、ハイマンは、ユングに関する彼自身の回顧的分析を提示している。このことはとりわけ、ユングの「無意識との対決」についての彼の解釈に示されており、彼はそれを虚脱状態として捉えていた。ハイマンはエレンベルガーの「創造の病」という着想を用いているが、ユングの体験の精神病理学的な本質であると彼が見なしたものを強調することで、それをさらに押し進めている。ユングのジークフリートの夢を理解する際、ハイマンは、ザビーナ・シュピールラインについて「沈黙を保つ必要性」からユングは「この夢を正直に書き留めること」を思いとどまったと強く主張している。というのも、ヴェーアによって先に関連性が指摘されていたように、ジークフリートは明らかにシュピールラインのジークフリート空想の現れと考えられたからだ。[249] 我々がこの夢の「本当に意味した」ものを知っているという前提が、ユングがそれについて正直に書かなかったという主張を導くことになる。ブロームやマクリンと同様に、ハイマンもまた、フロイトをユン

249　Hayman, 1999, p. 176.

グの「無意識との対決」における重要な人物像と捉えていた。サロメとエリヤに関する議論の中で、彼は次のように述べている。

> 彼の方向喪失の一つの要因は、彼と最も重大な関係があった人物――フロイトとザビーナを失ったことであった。二人ともがユダヤ人であり、彼らは旧約聖書と関連づけることができるだろう。彼は、サロメとエリヤの意味については十分に思いを巡らすことができたが――神話において老人は、自らが知恵を象徴する一方で、性愛を象徴する少女をしばしば伴っていると指摘している――、決して単純な方程式を作らなかった。……ソビエトの粛清によって消し去られ、古い写真の新版からは姿を消した反体制の人々のように、ユングの自身の夢やヴィジョンに対するいずれの解釈においても彼らは言及されることがない。それは、まるで彼が彼らについて考えることを自らに禁じていたかのようである。……おそらく彼は、自らがザビーナとルー・アンドレアス・サロメとを重ね合わせていたということに気づいていたが、それを認めるだけの勇気がなかったのだろう。[250]

このような主張の裏づけとなる証拠はどこにも提示されていない。[251] ハイマンの解釈は事実として受け止められており、ユングのこころの内に隠された内容を彼が知っているかのような印象を与える。ユング自身の体験の解釈に関してハイマンは、ユング

250 *Ibid.*

251 筆者の見解では、ユングにとっては、フロイトやシュピールラインよりも家族のほうがはるかに重要性を持っていた。このような神話は執拗なまでに長く生き続けており、小説『世界はガラスでできている』の中で、モーリス・ウェストは次のように書いている。「サロメ……は、私が彼女に対して何の欲望も持たない男であるにもかかわらず、私に対して裸の誘惑的な女という役割を演じる敵意を持った女性である。そこには、ザビーナ・シュピールラインとのはっきりとした繋がりがある。思うに、あのとき彼女は幸福のために私の人生から立ち去ると書き送ってきたのだ」(West, 1983, p. 131)。スーザン・ローランドは、「数多くの研究が、ユングが気づいていなかったように思われることに気づいている。エリヤとサロメにおいて、彼が失った二人の重要な人物が形を変えて現れているのだ。すなわち、フロイトとザビーナ・シュピールラインである」(Rowland, 2002, p. 9) と述べている。ローランドはF－X・チャレット、

は「常に体験を神話化する傾向にあった。そしてそのとき、彼はまさに精神病になろうとしており、グノーシス主義はそんな彼にある種の認可を与えた」[252]と論じている。どれほど多くの注釈者たちが、ユングの人格の主観的傾向や機能との関わりで彼自身がおこなった解釈を脇へ追いやり、彼のファンタジーを彼の生涯に関わった人々との関係の中で再解釈してきたか、という点については目を見張るものがある。フィレモン像に見られるような、ユングの人格化の傾向を、ハイマンは統合失調症傾向との関わりで理解している[253]。彼は「偉大さへの幻想」をユングの属性であると考えた。さらには、ユングの業績の中心的な特徴までが次のような傾向に帰されてしまう。「無意識の独立性と呼んだものを彼が信じたがる傾向は、巨大なペニスと神聖な糞便といったイメージへの責任を受け入れることを彼が少年期に拒否したことの線上にある」[254]。このようにして、心理伝記的な研究は批判のための道具になる。それぞれの伝記作家の固定観念に従ってユングが再び作られるのだ。

重要なことは、この章で論じてきたどの伝記においても、ユングが残した膨大な未刊の原稿や草案、スイス連邦工科大学にある大量の往復書簡が用いられていないという点である。これらは、研究目的で申し込みさえすれば、どの研究者も利用することができる。また、どの伝記作家もユングの家族の蔵書を利用していない。そこには、ユングと妻との往復書簡、『黒の書』、『赤の書』といった私的な資料が含まれている。すなわち、最も重要な未刊の資料が検討されないままになっているのである[255]。

ジョン・カー、そしてハイマンを引用している。

252　Hayman, 1999, p. 178.
253　*Ibid.*, pp. 178-179.
254　*Ibid.*, p. 60.
255　こうした状況のために、何人かの人々はユングの伝記を引き受けることを思いとどまった。たとえば、一九八〇年代後半にウィリアム・マクガイアはユングの伝記を書くことを検討したが、ユングの家族が、彼の求めるほどには積極的に協力しなかったため、彼はそのプロジェクトを取りやめることを決断した。このプロジェクトのためには、これまで公開されていなかった資料の公開が必要不可欠だと彼は考えていたのである（一九八八年三月七日付のマクガイアからフォーダム宛の手紙、CMAC）。

　こうした状況を前に、我々はただ明らかにされていることだけに基盤を置き、利用可能な資料がもつ限界を踏み越えないように注意しなければならない。

　ハナーとヴェーアの研究は、その大部分がこの範疇に当てはまるものと見なしうるが、他方で、利用可能な情報に存在する溝を解釈の事実化で埋めてしまう危険性も存在する。スターン、マクリン、ブローム、そしてハイマンの著作は、時にこのような他方の範疇へと堕落しているのである。

第4章 ユングの新たな生涯

ここからは、デアドラ・ベア（Deirdre Bair）による、一番最近のユングに関する伝記『ユング——伝記（*Jung: A Biography*）』（タイトルはヴェーアによる伝記の英語版と同じである）を見ていくことにする。現段階で、これは最も長く詳細なものであり、本章で筆者は、そこでなされたいくつかの主張を取り上げ、それらの論拠を検討していく。その広範さを考えれば、この伝記は、先に検討した諸著作よりも詳細に検討する価値があるだろう。

この著作の冒頭でベアは、ユングが学生時代、「ヴァルツェ（Walze）」という名しかわかっていない人物の家でおこなわれた交霊会に参加していたと述べている。[256] しかしながら、この人物はユングその人以外の誰でもないということがわかっている。彼の生涯の友人であったアルベルト・オエリ（Albert Oeri）は後に「カール——あるいは、古い友人たちがその当時から彼を呼んでいたあだ名『ヴァルツェ（円柱）』[257]」と回想し

256 Bair, 2003, p. 46.
257 Oeri, 1935, p. 526. 数頁前に、ベアは実際、オエリの論文に言及している（p. 44）。ツォーフィンギア（Zofingia）というユングが参加していた学生のディベート・サークルのプロトコルでは、彼の名前はおおむね「ユング・ヴァルゴ・ヴァルツェ」と記されている（Staatsarchiv, Basel）。

ている。ユングに関する筆者の調査と照らし合わせてベアの著作を読むと、二人が同一人物であることが見落とされているという印象が拭いきれない。

ユングの家族の支援を受けて準備されたドイツ語版『全集』の刊行がようやく終わったのは一九九五年のことであり、スイス連邦工科大学にあるユングの原稿のリストが完成したのは一九九三年のことである。一九九二年には遺産相続人たちの役員会でユングの未刊の原稿、セミナー、往復書簡のすべてを調査する意思が確認され、さらなる出版の可能性も検討された[258]。ベアは、あらゆる学者に対して認められていた一般的な条件で、連邦工科大学にあるユングの論文を利用することは許可されていたが、ユングの家族が保管している資料を利用することは認められなかった。その役員会も特定の質問に答えることには同意したが、残念なことに、その回答の真実性は検証されていない[259]。ベアは、スイス連邦工科大学にあるユングの往復書簡のうちのいくつかを調べており、それらを利用した最初の伝記作家である。これらのことに関して、彼女は、カード目録が制限されていたこと、自分が参照したい往復書簡がどれなのかを把握しておかなければならなかったことを記している[260]。概して彼女は未刊の原稿を調べてはおらず、ユング遺産財団とスイス連邦工科大学の関係者によって利用が制限されていたことを特筆しているが[261]、利用規約に基づけば、ユング遺産財団が原稿の利用を制限することはできないはずである。

ハイマンと同様、ベアも『思い出…』のプロトコルとナムチェのインタビューを利

258 ウルリッヒ・ヘルニィとの私信。
259 ウルリッヒ・ヘルニィとの私信。
260 Bair, 2003, p. xi.
261 *Ibid.*, p. 830, n.57. 筆者は一九九四年に往復書簡のカード目録を調査し、以来、それらの研究を進めている。筆者はまた、一九九四年に未刊の原稿に関する調査も開始しており、これらの多くが拙著（Shamdasani, 2003）で論じられている。他の多くの学者によってもこれらは研究されてきた。

用している。そしてブロームと同様、彼女もユングを知る人々へのインタビューをおこない、これもまたブロームと同様、匿名の情報源を利用している。さらに彼女は匿名の私的な記録文書も用いている。彼女はそれ以前の伝記作家たちよりも多くの公的および私的な記録資料を用いており、そのため、彼女の伝記は一般の人々に対して先行するユングの伝記よりもはるかに多くのそれまで知られていなかった資料を提供したことになる。しかし同時に、このことは、そうした資料に馴染みのない人たちにとって、その価値を査定することをより難しくもしていると言えるだろう。

　ユングがフロイトと交流し始めた当初の出来事を取り上げてみたい。一九〇七年までに、ユングは精神医学と心理学における実験的・統計的手法の限界のために、ますます失望を募らせていた。ブルクヘルツリの外来患者クリニックで彼は催眠の実演をして見せたことがあり[262]、このことがきっかけで彼の関心は治療へと向かい、研究方法として実践の場での出会いを用いることとなった。ユングがフロイトに初めて会ったのは、一九〇七年のことである[263]。

　先に見たように、ユングのフロイトとの関係はひどく神話化されている。フロイトとユングの知的背景がまったく異なったものでありながら、精神障害の心因と心理療法への関心を共有することで、両者が互いに引きつけられたということは明白である[264]。彼らの意図は新たな心理学に根ざした科学的心理療法を形作るこ

262　ベアは、ユングが催眠をおこなわなかった、あるいはその力を信頼していなかったと主張しているが（Bair, 2003, p. 738, n.84）、これは正しくない。『ユング全集』の第一巻から四巻までに多くの催眠の事例が取り上げられ論じられているからだ。ユングの催眠への没頭については、拙著（Shamdasani, 2001）を参照。一九一三年にユングは、催眠暗示を用いるのを止めようと決心したのは、効力がないためではなく、以下のとおり、それがいかにして治癒をもたらすのかが理解できなかったためであると回想している。「私は、自分自身が受け身的に奇跡を起こす人に変えられるよりも、暗示をすっかり捨て去ることを決意した」（*CW* 4, §582）。

263　一九〇九年三月にユングがフロイトを訪ねた際、会話が重要なところに差しかかると大きな音がした。そのことを彼は、超心理学的に「触媒的な外在化現象」と解釈した。この出来事のフロイトによる理解については、一九〇九年四月一六日付のフロイトからユング宛の手紙を参照（McGuire, 1974, p. 218）。ベアは、これが彼らの最初の出会いにおいて起こった出来事であると誤解して述べている（Bair, 2003, p. 117）。

264　拙著（Shamdasani, 2003）を参照。

とであり、同時に心理学を個々人の生に関する綿密な臨床的精査の上に基礎づけることであった。ブロイラーとユングの導きによってブルクヘルツリは精神分析運動の中心になり、彼らの支持によって、精神分析はドイツの精神医学会でも耳目を集めた。

一九〇九年から、ユングは神話学、比較宗教学、人類学、そして民間伝承に関する幅広い研究に着手した。精神分析を適用することによって文化史を照らし出すこと、そして同様に個人の心理学を解明することがそこでは期待されていた。彼は一九世紀後半の記憶理論を基盤にした系統発生学的生物学に基づく心理学と、集合的な超文化的心理学を構築しようと試みていたのである。彼は学生たちにこうしたテーマで研究をおこなうよう勧め、彼らの研究指導をおこなった。その学生の一人がJ・J・ホーネッガー（J.J. Honegger）である。

ベアは、リチャード・ノル（Richard Noll）に従って、ユングがホーネッガーの研究を、すなわち、集合的無意識という考えを、盗用したか否かということを問題にしている。[265] しかしこれは問題になりようもない。筆者が別稿でも示したように、集合的あるいは超個人的無意識という概念は一九世紀後半の二五年の間に広く行き渡っており、「集合的無意識」という現在の用語が、筆者の知る限り、ユング以前には使われていなかったということのほうが驚きなのである。[266]

ホーネッガーの研究成果は、一八六二年生まれのE・シュヴァイツァーという患者に焦点を当てたものだった。彼は販売員で、高等教育は受けておらず、パリとロンド

265 Bair, 2003, p. 189.
266 拙著（Shamdasani, 2003, section 3）を参照。

ンに住み、一度の自殺企図の後に一年半、ロンドンの保護施設に収容されている。その後、彼はチューリッヒに移り住み、一九〇一年一〇月七日にブルクヘルツリに送致された。この事例が、一九一〇年にニュルンベルクで開催された精神分析学会におけるホーネッガーの発表のテーマであった。ベアによると、ユングは一九〇一年にその患者が見た太陽のファルスのヴィジョンの中に普遍的なものを見て取っていたとのことだが、この年代決定を支持する証拠は何もない。筆者が他でも論じたように、その患者のファンタジーが呈した特殊な展開は、実際にはホーネッガーの質問方法の暗示的な影響を受けたものであり、そのような観察がおこなわれたのは、神話学研究のプロジェクトに着手した後のことだったのだろう[267]。

一九一一年にホーネッガーは自殺した。ベアによれば、ホーネッガーの論文には彼の「精神の病[268]」が示唆されているという。筆者もこれらの論文を読み通してみたが、ベアが何を指してそのように言っているのかを理解することはできなかった[269]。この当時の彼の精神状態を示唆するものとして、ホーネッガーは精神病になることを避けて自殺したのだというフロイトに向けたユングのコメントがある[270]。しかしユングには、精神科医として現場で働き、学生と助手として自らと共に働いていたときに、ホーネッガーが精神的に病んでいたという疑念は一切なかっただろう。実際、一九一〇年三月にユングがアメリカへ旅行したとき、彼はホーネッガーに自分の患者を任せていたほどである[271]。

267　*Ibid.*, p. 216.

268　Bair, 2003, p. 189.

269　ホーネッガーの論文は、チューリッヒのスイス連邦工科大学のアーカイブに所蔵されている。ずいぶん以前、ウィリアム・マクガイアは、自らの個人的な研究のために、それらの写しを一部与えられたが、その後、それをアメリカ議会図書館に預けたため、スイス連邦工科大学はそれらの資料を返却することを求めた。ベアは、ユング遺産財団がその論文の所有権を主張していると述べているが(Bair, 2003, p. 642)、それは誤りである（ウルリッヒ・ヘルニィとの私信）。

270　一九一一年三月三一日。McGuire, 1974, p. 412. 一九一一年六月二八日、ユングはアメリカ人精神科医トリガント・バロウ（Trigant Burrow）に、ホーネッガーは、自分が誤った決断を下してしまい、現世をもう十分に信じられないと実感した後、自殺したのだと知らせている（JP）。

271　一九一〇年三月九日付のユングからフロイト宛の手紙。McGuire, 1974, p. 302.

この頃、ユングの理論的発展は彼の技法に変化をもたらした[272]。これらの変化は彼のフロイトとの論争において決定的に重要な役割を果たす。この点についてエルンスト・ファルツェダー（Ernst Falzeder）は、フロイトとユング、双方の患者であったエルフリーデ・ヒルシュフェルト（Elfriede Hirschfeld）が果たした役割を再検討している。ファルツェダーは「フロイトとユングは、ヒルシュフェルト夫人の症例を口実にして、互いに互いを批判し合った[273]」と述べている。一九一二年一月二日、ユングはフロイトに宛てて次のように書き送っている。

彼女が求めていたものは、ただほんの少しの共感なのでしょうと私は言いました。あなたはそれを、あなたご自身が最もよくご存知の実に素晴らしい理由のために自制されたのでしょう。……私自身は、しばしば不本意ながらということもあるのですが、そうした理想主義的な仕方で振る舞うことはありません。なぜなら、時として私は、自らの共感を抑えることができなくなるからです。どうやってもそれはそこにあるのですから。私は進んでそれをその患者に差し出しました。一人の人間としてその患者は、医師が自らに許した分だけの尊重と個人的関心を得る資格があるのだと、私は自分自身に言い聞かせました[274]。

ファルツェダーが記しているように、一九二一年に「秘密の委員会」に配布された

272 この点に関しては、フォーダム大学で一九一二年におこなわれたユングの講義「精神分析理論を素描する試み」（*CW* 4, §§407-457）におけるこの問題に関する議論を参照。ユングがアメリカに旅行している間、エンマ・ユングは彼に毎日のように手紙を書いたとベアは主張し（Bair, 2003, p. 229）、それらの手紙がユング家に保管されていると主張している（*ibid.*, p. 723, n.60）。しかしながら、一九一二年にエンマ・ユングからC・G・ユングに宛てて書かれた手紙は存在しない（アンドレアス・ユングとの私信）。

273 Falzeder, 1994, p. 313.

274 McGuire, 1974, pp. 476-477. tr. mod. 筆者による改訳。

文書の中で、フロイトは回顧的に次のような意見を述べている。

彼女のことは、ユングがその怪しげな性格を明らかにした最初の機会でもありました。チューリッヒに滞在していた休暇の間、彼女は彼と知り合いになろうと一度彼を呼び出したのですが、このとき、彼は温かみや共感のない私との分析に彼女が耐え忍んでいるということに驚きの念を表し、彼自身との、より熱のこもった、活気に満ちた治療を勧めたのです。[275]

一九一四年、フロイトは「精神分析運動の歴史」の中で、ユングの患者がユングとの分析について書いた手紙を引用し、「こうした影響下で新チューリッヒ派の治療がどのように形作られたか」について示唆している。

今回は、過去や転移を考慮した形跡がまったくありませんでした。転移が認められると私に思えたところは純粋なリビドーの象徴だと偽って称されました。道徳的な教えは素晴らしく、私は忠実にそれに従いました。しかし進歩はしませんでした。それは彼よりも私にとってずっと不快なことでしたが、私にどうにかすることができたのでしょうか。……分析によって解放される代わりに、毎日新しい要求がなされました。神経症に打ち勝とうと思うならば、それらは実現されなけ

275　ファルツェダーによる引用。Falzeder, 1994, p. 316.

ればならなかったのです。たとえば内向的になることによる内面への集中、宗教的な沈潜、愛に満ちた献身の中でおこなう妻との新たなる共同生活など。それはほとんど力の及ばないものでした。それは一人の人間の内的本性全体の根本的変容を目指していたからです。強烈な懺悔の感覚と最善の解決策を知った哀れな罪人として、私は分析を去りました。しかし同時に私はすっかり落胆してもいました。どの牧師でも、彼が私に推奨したことは助言したでしょう。しかしどこにそんな力を見出すことができたと言うのでしょうか[276]。

フロイトがこれを引用した狙いは、ユングの治療技法が精神分析とは何の関係もないということを示すことにあった。この患者は、オスカー・プィスター以外にはありえないように思える。一九一四年にカール・アブラハムは、プィスターに関連する次のような手紙をフロイトに送っている。『精神分析運動の歴史』に引用されていた彼の手紙は、ユングに対立的な立場で書かれていました。自らの態度の変化によって、彼はユングのもとに帰り、そしてまた、あなたのところに戻って来たのですね！[277]」。フロイトの原稿を読んだ後、ユングはポール・ビエレ（Poul Bjerre）に次のように述べている。

医学的な秘密保持を破って、フロイトは一人の患者の手紙を敵対的な方法で利用

276 Freud, 1914, pp. 63-64.

277 一九一四年七月一六日。Falzeder, 2002, p. 258. プィスターの逡巡は、この後も続いたようである。一九一六年にアブラハムは再び、フロイトに宛てた手紙の中で彼について次のように書いている。「『精神分析運動の歴史』の中であなたが引用した彼の手紙はまさに事実のままだったのですが、J［訳者注：ユングを指す］に対して個人的な反抗を試みていた時期に書かれたものでした。心変わりによって、彼の素晴らしい識別力はすべて再び消えてしまったのです」（一九一六年一月二三日。*Ibid.*, p. 323）。

さえしたのです。それは私がとてもよく知る人物に関係する手紙で、私に対して抵抗していた時期に書かれたものでした。フロイトについて人々が私に語ることを私が公にするなんて想像できましょうか!! こうしたやり方は、いかにもウィーン的です。こんな敵は敵という名に値しません。[278]

ベアは、ファルツェダーの論文から資料を利用しているにもかかわらず、フロイトとの決裂によって、ユングは治療の場でフロイトの心理学を利用する権利を奪われたと感じていたと主張する。[279] またベアは、その手紙がフロイトに引用されているのを見た後、ユングは自分がもう信頼されることはないと認識したとも述べる。[280] これらの主張を裏づける情報源は一つも提示されておらず、それはフロイトとユングの論争についての誤った理解を示している。フロイトとの決裂がユングの実践を変えることにつながったということを示すものは何もない。むしろユングの技法的変化が、彼らの論争の原因の一つだったのである。[281]

ユングの神話学研究は『リビドーの変容と象徴』に結実する。この著作においてユングは、記憶、遺伝、そして無意識に関する一九世紀の理論をまとめ、神話的イメージから構成され、すべての人の中にいまだに存在する無意識の系統発生的な層を仮定した。ユングはその新たなリビドー理論を神話と民間伝承の象徴性を説明するために適用することを試みている。ユングにとって神話はリビドーの象徴であり、その典型

278　一九一四年七月一七日。Adler, 1975, pp. xxix-xxx.

279　Bair, 2003, p. 247.

280　*Ibid*., p. 246. ベアは、心痛と混乱のため、フロイトによる手紙の引用にユングは何の反応も示さなかったと付け加えている。しかしながら、筆者が引用したビエレに宛てた手紙には、それとは異なる事情が示唆されている。

281　一九一三年八月、ユングはロンドンで開催された国際医学会で論文を発表した。ベアは、ユングが一連の講義をおこなったと誤って述べているが(Bair, 2003, p. 239)、実際には彼は「精神分析の一般的諸問題」(*CW* 4)という講義を一回おこなっただけである。

的な動きを表現していたのである。彼は途方もない量の神話からもろとも内容を抽出するために人類学の比較法を用い、それらを分析的に解釈した。これが後に彼によって拡充法と呼ばれたものである。[282] ユングの著作は、フランク・ミラー（Frank Miller）嬢によってフランス語で書かれた「潜在意識の創造的イマジネーションの若干例」という論文の心理学的解釈に基盤を置いているが、もともとそれは、テオドール・フルールノワによって彼の雑誌『心理学アーカイブ（*Archives de Psychologie*）』に掲載されたものであった。[283]

その研究の第二部において、ユングはリビドーの概念を修正し拡大している。その用語は性的領域に由来するものであったが、精神分析においてはその含意するところはより広くなったと彼は述べる。彼はリビドーの新たなモデルを提示し、前性的段階、三歳から五歳頃に始まる前思春期的段階、そして成熟という発達の三段階を想定した。そこにはリビドーとは異なる多様な欲動と本能が存在する。[284]

ベアは、この研究の第二部を執筆する「恐怖」のために、ユングがヨガをおこなったと主張している。彼女は、ユングにとっては第二部がいかにして元型が語るかということに対応した言語で書かれているということ、それは彼を困惑させ、彼の意に反するものであったが、彼はそれを書き留めるよう強いられたということに言及している。[285] これらの言説を裏づける根拠は示されていない。実際には、これらの言説は、『思い出…』とそのプロトコルから派生したものであり、引き続いて起こったユングの

282　ベアは、このユングの著作がいかにして神話によって心理学的概念を説明しうるかを明らかにする試みとして始まったと主張しているが（Bair, 2003, p. 201）、それは誤りである。この著作は、リビドー理論を神話的象徴の解釈に応用したものである。

283　ベアは、フルールノワがフランク・ミラーとの会話や往復書簡を通じて少しずつ収集した彼女のファンタジーを翻訳し、ユングに提供したと誤って述べている（Bair, 2003, p. 213）。フランク・ミラーはフランス語で論文を執筆しており、それに対してフルールノワは序論を書いた。ベアはまた、実際のところ、フランク・ミラーのファンタジーは創作物だとも主張するが（*ibid.*, p. 214）、このことを支持する証拠はどこにもない。フランク・ミラーについては、拙著（Shamdasani, 1990）を参照。

284　ベアは、ユングがこの著作の第二部で、普遍的無意識における元型といった他の要因が存在するため、性欲動が何にもまして重要であるとは言えないと論じていると述べるが（Bair, 2003, p. 201）、これはユングの

の無意識との対決、とりわけ『黒の書』の創作に言及したものであろう。『思い出…』の中でユングは次のように述べる。

> 私はたびたびあまりにも掻き乱されたので、ヨガをおこなって感情を締め出さなければならなかった。そんなときでも、私の目的は自分の内側で何が起こっているのかを知ることにあったので、自分自身を落ち着かせ、再び無意識との作業に取りかかれるようになるまでの間だけ、ヨガをおこなうことにした。[286]

『黒の書』にファンタジーを書き留めていたことについて、ユングは『思い出…』の中で次のようにも述べている。

> まず私は物事を私がそれらを観察したままに、「大げさな言語」で明確に記述した。というのも、それが元型の持つスタイルに相応しいものだったからだ。元型は、私が気恥ずかしく感じるような、ひどく大仰で、もはや大言壮語とも言えるスタイルで語り、そのことは私の神経に障る。……しかし私には何が起こっているのかがわからなかったので、無意識それ自体によって選択されたスタイルですべてを書き留める以外、他に選択肢はなかった。[287]

後の理論と一九一二年の議論とを混同している。

285 Bair, 2003, p. 224.

286 Jung/Jaffé, 1962, p. 201, Protocols, LC, p. 145. 筆者による改訳。

287 *Ibid.*, p. 202. Protocols, LC, p. 145.

このように、一九一三年以降のアクティブ・イマジネーションの実験についてのコメントが、一九一一年から一九一二年になされた学術的な研究の構築に対してなされたものとして誤ってとられているのである。

ユングがフロイトとの個人的な関係を断ったのは一九一三年のことであった。九月二一日にフロイトは、アルフォンス・メーダーに手紙を書き、ユングの「誠意」を疑っていることを伝えている[288]。メーダーはこれをユングに話し、その後ユングはフロイトに、『年報（*Jahrbuch*）』の編集責任者という立場を辞する旨の手紙を送った[289]。

すでに見てきたように、ユングの無意識との対決にはあらゆる種類の診断が付けられてきた。フランク・マクリンと同様に、ベアもまた、おなじみのユングの狂気という神話に従う形で、ユングの体験を「精神病的」ヴィジョンと呼んでいるが[290]、ただし、その診断を裏づける根拠は提示されていない。ユングの『黒の書』と『赤の書』に基づいて筆者はこの時期に関する研究を進めているが、こうした診断を支持しうるような証拠は見出されていない。

一九二五年のセミナーで、ユングは『黒の書』にファンタジーを書き留めている際に起こった重大な出来事について語っている。あるとき、彼は自分のやっていることに疑問を抱き、「それは『芸術』です」という声を聞く。これを聞いて彼は、「おそらく私の無意識は人格を形成しつつあるのだ。それは私ではない。しかしそれは表現を通じて現れることを強く要求している[291]」と考えた。彼はこの声の主との対話を続け、

288 Freud archives, LC.

289 27 October 1913, McGuire, 1974, p. 550. ユングが反ユダヤ主義者であるとフロイトはメーダーに伝えたとベアは述べているが、それに付された典拠は、フロイトに宛てたユングの「誠意」に関する手紙である（p. 240）。一九一三年九月二一日のフロイトがメーダーに宛てた手紙には、反ユダヤ主義への言及は見られない(LC)。これはおそらく、ナムチェとのインタビューにおけるメーダーの発言と混同されているのだろう。そのインタビューでは、フロイトから受け取った手紙には「メーダーよ、あなたは反ユダヤ主義者です」と書かれていたと述べられている(CLM, p. 4)。

290 Bair, 2003, p. 290.

291 Jung, 1925, p. 42. ここでユングが語っていることによると、この対話は一九一三年の秋におこなわれたようである。

それがあるオランダ人女性患者の声であることに気づく。彼女はユングの同僚の一人に、彼が真価を認められていない芸術家だと思い込ませた人物であった。[292] 筆者は以前、ここで問題になっている女性は、当時ユングの周囲で唯一のオランダ人女性だったマリア・モルツァー（Maria Moltzer）であり、「同僚」はユングの友人であり同僚で、次第に絵画のために分析から撤退することになったフランツ・リックリン（Franz Riklin）であると論じた。[293]

先に見たように、ブローム、マクリン、ハイマン、その他の人々は、ユングの「ジークフリート」の夢を、フロイトとザビーナ・シュピールラインという不適切な文脈において具現化し再解釈してきた。『思い出…』の中でその夢を見た日付は一九一三年一二月一八日であるとされている。ベアはこのエピソードにコメントし、ヤッフェがプロトコルを勝手に変更したと主張し、それを批判している。ベアは、プロトコルのどこにも日付は明記されておらず、『思い出…』で語られるような、彼が自分を撃ち殺そうと考えるほどのパニックを起こしたという記述は存在していないと指摘する。[294] それどころか、ベアが主張するには、ユングは彼の無意識との対決に「満足のいく結末」をもたらすために、この夢を頼りにしたというのだ。[295]

これは一体どういうことなのだろうか。プロトコルの九八頁には、この夢に関するユングの「もしこの夢を理解できなければ私は自分を撃ち殺さなくてはならないとそのとき思った」[296]というコメントがある。ユングはそれ以前からヤッフェが『黒の書』

292 Jung/Jaffé, 1962, p. 190. ベアは、ユングがプロトコルの中でこれをマリア・モルツァーであると同定したと主張している（Bair, 2003, p. 291）。しかし、このようにはっきりと同定している箇所は、アメリカ議会図書館に所蔵されているプロトコルには見当たらない。問題になっている女性がモルツァーであるというのは、筆者による主張である（Shamdasani, 1995（本書二一一～二一二頁）, p. 129, 1998a, p. 16）。ユングが明確にこの人物を同定している記録文書が存在するのであれば、提示されるべきだろう。

293 一九二〇年代初頭、リックリンはアウグスト・ジャコメッティと共にチューリッヒ州庁舎1の天井にフレスコ画を描いた。ベアは、これを一九一二年のことであると誤解している（Bair, 2003, p. 223）。モルツァーについては、拙著（Shamdasani, 1998b）も参照。

294 Bair, 2003, p. 727, n13.

295 *Ibid.*, p. 244. この言説の根拠は特定不可能な二つのプロトコルである（Bair, 2003, p. 746, n.13）。

296 Protocols, LC, p. 98. プロトコルでは、

を見ることを許していた。それを見れば、その日付がヤッフェによって正確に一九一三年一二月一八日と記されたものだということがわかる。[297] さらにそこには、もしその夢を理解できなければ自殺しなくてはならないとユングが感じていたという記述さえあるのだ。このように、『思い出…』の記述は、同時期に書かれた『黒の書』におけるユングの記述と一致しており、ベネットに対するその夢へのユングの解説とも一致している。それは、すでに出版されていたにもかかわらず、マクリン、ハイマン、ベアのいずれによっても引用されていない。[298]

ユングが、覚醒状態においてファンタジーを引き起こし、それらを詳しく検討することを開始する決定的な一歩を踏み出したのは一二月一三日のことであった。もしジークフリートの夢が実際に彼の無意識との対決に終止符を打ったのだとすれば、その危機的な時期はたったの一週間しか続かなかったことになる。「冥界への下降」にしてはあまりに短いし、その夢が無意識との対決に満足のいく結末をもたらしたとユングが書いている箇所が筆者には見当たらない。彼はまさに「無意識との対決」を始めたところだったのだから、それは奇妙なことだと言えるだろう。こうしたことを示唆するものは、先に引用したベネットに対する彼のコメントにも見出すことはできない。

一九一四年を通じてユングは規則的に自己実験を続けた。彼は分析の実践と専門的な活動を完全に維持しながら、空いた時間で自らのファンタジーを研究することに専心した。それが『黒の書』には書かれている。[299] 二週間の兵役、二週間のイタリア滞在、

297 一九二五年のセミナーにおけるユングのこの夢についての討論の抜粋が続く (Protocols, pp. 99-100; Jung, 1925, pp. 56-57)。プロトコルの七二七頁の脚注13からベアがこの夢に対するユングの討論として引用したのは、実際にはこの抜粋からの引用である。Jung, *Black Book 2*, pp. 56-57, Jung Family archive. また、一九二五年のセミナーでその夢を論じる際、ユングはそれが一二月一三日のファンタジーの「すぐ後に」起こったと述べている (Jung, 1925, p. 48)。

298 本書七四～七五頁を参照。

299 ベアは、エンマ・ユングは『黒の書』を読むことを禁じられており、一九一四年初めの段階では、トニー・ヴォルフだけがそれを読むことを許されていたと主張している (Bair, 2003, pp. 249-250)。しかしながら、ユング・ファミリー・アーカイブにある資料には異なる事情が示唆されており、それは『赤の書』が出版されたときに明らかになるだろう。ベアはまた、ユングは『黒の書』に「絵を描いていた」と報告しているが、おおまかに言ってそれはそうではない。

一週間の英国滞在と二日間のエンガディン滞在を除いて、一九一四年、彼はチューリッヒに留まった[300]。

ユングは、一九一四年六月から七月にかけて、自分が異国にいて、氷のような寒波の到来に追われながら、船で一刻も早く国に帰らなくてはならないという夢を三回繰り返して見ている[301]。ベアは、これらの夢をユングが戦争の予兆と捉えていたと述べる[302]。しかしながら、ユングの『黒の書』にこれを支持する証拠はない。実際には、ユングは戦争が勃発した後に、回顧的に自らのファンタジーがその予兆だったと思うのである[303]。これを認識した後、ユングは『赤の書』を書き始める。戦争の勃発によって、彼は自らのファンタジーには予兆的なものがあると確信した。彼は『思い出…』で次のように述べている。「そこで起こっていること、そして私の体験が、どの程度まで人類一般に起こっていることと合致するのかを私は理解しなければならなかった[304]」。

ベアによると、ユングは一九一四年七月二八日にアバディーンで講義をした後、フロイトと異なる理論を構築する唯一の方法は、自分自身を患者として治療することだと悟ったという。彼は一九〇〇年までつけていた日記のことを思い出し、それを再開して自分自身を観察することに着手し、無意識について沈思黙考することを決意したとベアは述べる。そして、「それを彼は後に個性化と呼んだのだろう[305]」という。さらに彼女は、ユングが「言語的メタファー」だけに集中することを決めたとも述べている。この主張を裏づける根拠は提示されていないが、それはおそらくプロトコルにある。

300　アンドレアス・ユングからの情報。ベアは、この年ユングが家にいるよりも外に出ていることのほうが多かったと誤った主張をしている（Bair, 2003, p. 248）。

301　ベアは、これらの夢には「黄色い洪水」と「暗い赤色の血」が含まれていると誤って述べている（Bair, 2003, p. 243）。『思い出……』にも『黒の書』にも、そういったモチーフは見当たらない。

302　*Ibid.*

303　Jung/Jaffé, p. 200; Jung, 1925, p. 44.

304　Jung/Jaffé, 1962, p. 200.

305　Bair, 2003, p. 291.

る、アニエラ・ヤッフェに向けたユングの次のような言葉に基づいているのだろう。

これは自分自身について深く考える試みであり、私は私の内的状態を記述し始めた。それは私に対して大仰なメタファーの形で自らを表現した。たとえば、私は雲の中にいて、太陽が耐えがたいほどに光り輝いていた（太陽＝無意識）、というように。[306]

この言葉は実際、『黒の書』の始まりに言及したものであり、それは一九一三年一〇月のことであった。『黒の書』に書かれていることは、ベアが言うように、[307]「とりとめのない思いつき」や「日々の出来事」、「本を読んで書き留めたこと」なのではない。『赤の書』は、研究目的で公に利用することができないままである〔訳者注：『赤の書』については、第1章脚注59を参照〕。しかし以前の伝記作家たちとは違って、ベアはそのことを理由に『赤の書』の内容に関して際立った主張を少なからずすることを差し控えることはなかった。たとえば彼女は、『赤の書』にユングは「解釈文を伴う彼のファンタジーについての挿し絵的な描画」を提示したと述べているが、[308]『赤の書』におけるユングの描画は基本的に、彼のファンタジーを表現したものではないし、彼がそれらを解釈しているわけでもない。それらの描画はアクティブ・イマジネーションそのものと見なすことが最も相応しい。

306　Protocols, LC, p. 23. この段落の余白部分には、『黒の書』と書かれている。
307　Bair, 2003, p. 291.
308　*Ibid.*, p. 292.

ベアは『赤の書』には、サロメ、エリヤ、フィレモンに関するさまざまなファンタジーが含まれていると主張しているが[309]、これはまったく当てはまらない。ベアは、ユングの内的なイメージが「すべて」ゲーテのファウストから生じているとさえ言うが[310]、それもまた正しくない。『思い出…』を読むだけでも、この主張の誤りを立証するには十分である。ユングは（エリヤとサロメは言うまでもなく）カーやアトマヴィクトゥといったようなゲーテの『ファウスト』には現れない人物に言及しているし、実際のテキストにはもっと多くのものが含まれている。

ユングは当時、フィレモンが語るときに生まれる言語的メタファーのために特別な本が必要だと感じており、『黒の書』をやめて『赤の書』に取りかかったとベアは主張している[311]。しかしユングは『黒の書』をやめることはなかったし、『赤の書』に取り組んでいる間にも『黒の書』を書き続けた。

ベアが引用した『赤の書』に関する一つの情報源は、リチャード・ハルであった。ハルは一九六一年にユングから『赤の書』を読むよう促され、その結果、ハルは、それが「ユングの全体系が精神病的ファンタジーに根ざしているということの最も説得力ある証拠」であり、狂人の作品であると考えたとベアは言及している[312]。彼女はさらに、『赤の書』の出版は「秘密を外に漏らすことになるため」、ユングはそれを出版しないことに決めたと付け加えており[313]、そこに引用符をつけているが、その出典は特定することができない。『赤の書』を見た後に、ハルは次のようにウィリアム・マクガ

309　*Ibid.*, p. 292. ベアはまた、フィレモンのイメージがユングをグノーシス主義の研究に導いたとも述べている(Bair, 2003, p. 396)。しかし、ユングの読書ノート（JA）と『リビドーの変容と象徴』の参照文献によれば、彼は一九一〇年にはグノーシス主義の研究を始めていた。ベアは、ユングが描いたマンダラ画とともに、ユングが描いたフィレモンの絵の写真を再現し、それらがボーリンゲンの塔の彼の「個室」の壁に掛けられていたと主張するが（Bair, 2003, facing p. 370）、実際にはそれらは別々の寝室に飾られていた。

310　*Ibid.*, p. 399.

311　*Ibid.*, p. 292.

312　Bair, 2003, p. 293.

313　*Ibid.*, p. 293.

イアに書き送っている。

彼女（アニエラ・ヤッフェ）からかの有名な『赤の書』を見せてもらいましたが、気の狂ったような絵がたくさん載っていて、そこには、修道士のような字体で書かれた注釈が添えられていました。ユングがこれに鍵をかけて保管しているのも当然だと思います。彼が入ってきてそれがテーブルの上に――幸運にも閉じられていましたが――置かれているのを見て、彼女にきつい口調で文句を言いました。「これはこんなところに置いていてはいかん。片付けたまえ！」彼女は前に私に、彼が私に見る許可を与えたと書いて送ってきたにもかかわらずですよ。[314]

このように、ハルが『赤の書』についての長期的な研究をしなかったということは明らかである。筆者自身の経験から言って、それを正確に理解するためには数年にわたる研究が必要であり、筆者は『黒の書』を研究するまでそれを十分に理解することはできなかった。

『赤の書』はいまだ出版されていないが、この時期におけるある重要なテキストが出版されている。一九一六年にユングは『死者への七つの語らい（*Septem Sermones ad Mortuos*）』と題した著作をまとめた。『思い出…』の中でユングは「死者とのこれらの会話は、無意識に関して、私が世界に伝えねばならなかったことへのある種の序曲を

314　一九六一年三月一七日付のハルからマクガイア宛の手紙。BA.

形成していた。それはすなわち、ある種の秩序のパターンであって、その一般的な内容の解釈である」と述べている。[315] そのテキストは、心的コスモロジーの概観を提示しており、文学的で象徴的な文体によって書かれており、ベアはそれについて、セルフヘルプの教科書のようだという奇妙な表現をしている。[316] ベアの考えでは、『死者への七つの語らい』は自発的に生じたものでは決してない。[317] 実際は、『死者への七つの語らい』には、ユングが『黒の書』と『赤の書』において少しずつ取り組もうとしていた問題の前段階的な統合が提示されている。『思い出…』の中でユングはそれが生じた状況について、次のような説明を加えている。

日曜日の午後五時頃、玄関口のベルが激しく鳴り響いた。……二人の女中が台所におり、そこからは玄関先の開けた場所が見通せた。私はベルの傍に座っていて、それが鳴るのを聞いたし、ベルの紐が動いているのも見た。皆がすぐに誰が来たのかを確かめに、戸口に駆けよったが、誰もいなかった。私たちは互いにただ顔を見合わせるばかりだった。ただならぬ気配がする、と私は皆に言った。そのとき、私にはわかった。何かが起こるに違いないと。まるで群衆で一杯になったかのように、家中に霊がひしめき合っていた。霊たちはドアの敷居ぎりぎりまでびっしり埋まっていて、ほとんど息ができないような感覚を覚えた。私は、「大変だ、一体全体これはどうなっているんだ」という切迫した思いで一杯になった。

315　Jung/Jaffé, 1962, p. 217.
316　Bair, 2003, p. 297. ベアは、『死者への七つの語らい』がG・R・S・ミードの作品のスタイルとテーマを真似ており、この頃ユングは一六冊か一八冊のミードの著作を研究していたと主張しているが（p. 296）、一つ目の主張は誤りである。また、二つ目の主張に対しては、何の根拠も提示されていないし、それを支持するような証拠も存在しない。
317　*Ibid*., p. 290.

すると、彼らが一斉に叫び出した。「われわれはエルサレムから帰ってきた。われわれが探し求めていたものはそこにはなかった」と。これが『死者への七つの語らい』の冒頭の言葉である。[318]

ベアによると、この出来事は一九一六年、むせ返るような夏に起こったということになっている。[319] 彼女は、トニー・ヴォルフが家族と食事をし、ユングと湖畔で午後を過ごした後にいかにして立ち去ったかについて順を追って述べている。そして彼女は、雷雨がやって来て、誰もがその不快な暑さが終わりになることを期待したとも述べる。[320] その語りは、もはやまるでその場を目のあたりにしたかのようである。ベアは自らの記述が二つの「プロトコル」に基づいていると述べるが、それらは特定されていない。[321]『黒の書』を参照すれば、ここで問題になっている日付が実際には一九一六年一月三〇日であったことがわかる。[322] チューリッヒの冬に熱波が来るということは滅多にあることではない。

この著作を書き上げた後、ユングはそれを私的に出版した。何年もの間にわたり、彼はその多くのコピーを学生たちや友人、同僚に贈った。ベアは、ユングがそのテキストを再度印刷したとき、彼はそこに書かれたことに恐怖を覚え、少しの人にしかそれを読ませないことに決めたと述べているが[323]、この主張を裏づける根拠はない。『死者への七つの語らい』が数年にわたって彼が取り組んできたことを洗練させたもので

318 Jung/Jaffé, 1962, pp. 215-216.
319 Bair, 2003, p. 293.
320 *Ibid.*
321 *Ibid.*, p. 746, n.13.
322 Jung, *Black Book* 5, p. 190, Jung family archives.
323 Bair, 2003, p. 295.

あり、そして今後も洗練させていくことを継続するものであったのだとしたら、さらには、彼がそれを「無意識に関して、私が世界に伝えねばならなかったことへのある種の序曲」[324]と見なしていたのだとしたら、ユングが「恐怖」するというのは非常に奇妙なことである。一九二五年にその著作は、H・G・ベインズ（H. G. Baynes）によって翻訳され、ワトキンス・ブックスから自費出版された。ユングは英語圏の学生たちにこれを配っている。数多くの注釈者が正しく指摘しているように、『死者への七つの語らい』は、ユングがその後期の研究を通じて専心し続けた多くの重要なテーマに関して最初に記述されたものである。[325]

結局のところこの時点でベアは、フィレモンという人物像と同じく、『死者への七つの語らい』の生の素材もまた公にすることはできないということを悟ったために、ユングは『赤の書』を放棄したと主張している。[326]現実には彼は一〇年以上にわたって『赤の書』に取り組み続けており、それを出版するかどうかに関して慎重に考え続けた。彼がそれを中断したのは一九三〇年頃のことである。ベアは、『赤の書』と『死者への七つの語らい』の創作が二つの重要な役割を果たしたと述べる。すなわち、これら二つの作品が彼の家に出現した死者の霊を追い散らして内的な調和をもたらし、彼の個人的無意識への集中に終わりをもたらした、というのである。[327]ユング自身の理解では、彼の無意識との対決は彼の個人的無意識への集中を意味するのではなく、むしろ集合的無意識への探究を示していた。そして、この努力が一九一六年に終わると

324　Jung/Jaffé, 1962, p. 217.
325　『死者への七つの語らい』は、ドイツ語版の『思い出…』の付録として出版され、後のアメリカ版に追加された。とりわけ、Christine Maillard, 1993. や Alfred Ribi, 1999, pp. 132-257 を参照。
326　Bair, 2003, p. 295.
327　*Ibid*., p. 297.

いうことは決してなかった。『赤の書』の後書きの中でユングは次のように述べている。

> 私はこの本に一六年間にわたって取り組んだ。一九三〇年に錬金術と出会ったことが、私をこの本から遠ざけた。終わりの訪れは一九二八年にやって来た。そのときヴィルヘルムが、錬金術的な性格の小冊子『黄金の華』のテキストを私に送ってくれたのである。その本の内容に現実への道筋を見出し、私はもはやこの本に再び取り組むことができなくなった。
>
> この本の内容は、表面的に捉える人には、それは狂気の沙汰かと思えるだろう。もし私が根源的な体験の圧倒的な力を受け止めることができなかったとしたら、実際にそのようなことになっていたかもしれない。錬金術の助けを借りて、私はついに、その体験を一つの全体の中に整理することができた。私は常に、その体験が貴重なものを含んでいることがわかっていた。またそれゆえ、それを一冊の「貴重な」、つまり高価な本にして記録し、そして追体験するなかで生じてきたイメージをできる限りうまく絵にすることが最もよいとわかっていた。[328]

先にも述べたように、『赤の書』はユングの後の業績の中心を形成している。もし

328 Jung/Jaffé, 1962, p.387.

これを正しく理解しなければ、それは積み重なって深刻な結果をもたらすだろう。ユングの無意識との対決を適切に把握しなければ、あるいは『赤の書』の重要性を理解しなければ、一九一三年以降のユングの知的発展を十分に理解することはかなわない。そればかりではなく、彼の生涯への理解も同様に不可能である。なぜなら、世界において彼の動きを決定していたのは、彼の内的生活だったからだ。もしある著作が一九一〇年代、二〇年代におけるユングの主要な関心についての正確な記述を提供していないのであれば、それは、三〇年代、四〇年代、そして五〇年代におけるユングの関心がいかにして直接的にそこから発展してきたのかを正しく示すことはできない。なぜならば『黒の書』と『赤の書』でなされた、自らのファンタジーへの取り組みは、ユング自身が強く主張したように、彼の後の業績の核になっているからである。『赤の書』はユングの生涯と業績の中心にある。『赤の書』への正しい理解抜きの決定的なユングの伝記とは、『神曲』に触れずにダンテの生涯を、あるいは『ファウスト』に触れずにゲーテの生涯を書いているようなものなのである。

　これまでに、ベアの伝記によるユングの内的生活の扱い方にいくつか不十分な点があることについて見てきた。分析心理学の社会的組織、そしてユングの弟子たちとの関係についてはどうなのだろうか。この問いを検討するために、ベアの伝記において心理学クラブがどのように扱われているのかを見ていきたい。

　心理学クラブは、エディス・ロックフェラー・マコーミック（Edith Rockefeller

McCormick）から三六万スイスフランの寄付を受けて、一九一六年の初めにチューリッヒに設立された。当初クラブは、レーヴェン通り一番の壮麗な建物を使っており、発足当時にはおよそ六〇名の会員がいた。ユングにとってのそのクラブの目的は、集団に対する個人の関係を研究すること、一対一でおこなわれる分析の限界を克服するような心理学的観察を可能にする疑似的に自然な設定を提供すること、さらに、患者が社会的状況に適応することを学ぶための場を提供することであった。それと同時並行して、分析家たちの職能集団は、分析心理学協会として会合を継続することになった。[329]

そのクラブは十分に活用されることなく、会員の参加者もほとんどいなかった。これは「クラブ問題」に関する長期化された議論につながり、そこで会員たちはクラブの意義と目的に関する合意を形成することを試みた。ベアは、一九一六年一一月一三日にハロルド・マコーミックがクラブ問題を扱った文書をクラブに提出したと述べている。[330] しかしながら、心理学クラブの議事録を調べても、そうした出来事が起こった様子はない。実際には、エンマ・ユングによって、クラブ問題について顧慮することを嘆願する手紙がクラブの会員に送られていた。[331] マコーミック・アーカイブにあるマコーミックの業績の複本には、手書きで次のような書き込みが見られる。「心理学クラブ役員会御中、会長カール・ユング博士夫人、求めに応じて謹んで提出いたします、一九一六年一一月一三日、ハロルド・F・マコーミック」。[332] このように、それは実際

329 心理学クラブの創設については、拙著（Shamdasani, 1998a）を参照。
330 Bair, 2003, p. 274.
331 ベアは、拒否した唯一のクラブの会員はファニー・ボウディッチ・カッツ（Fanny Bowditch Katz）であったと述べているが、実際に返答したのは二分の一から三分の二の会員であった。
332 McCormick papers, State Historical Society of Wisconsin, Madison.

のところ、エンマ・ユングの手紙に対する彼の返事だったのである。ベアは、会員のほとんどがハロルド・マコーミックの文書に返事を送ったと主張しており、モルツァーがそれを「軽率にも」手紙と呼んだのだと述べているが、[333]これはそうではない。なぜなら、返事の多くはマコーミックの文書に何ら言及していないからだ。すでに述べたように、それがクラブに提出された文書ではなかった以上、モルツァーの描写は不適切というわけではない。

以前の著作において、筆者は署名が残されていないテキストについて詳細に検討したことがある。そのテキストは、ユングが心理学的な科学の構築を装って、アーリア語族のキリストとして自らを神格化し、新たな宗教を構築したというリチャード・ノルの主張の基盤になっているものである。筆者が「分析の集合性（analytical collectivity）」と呼ぶその文書においては、神格化の経験に耐え、それを克服することを通じて個人が心理学的発達を遂げる図式の概略が述べられており、そのキリストの神格化との類似性が詳細に論じられている。そのテキストは、こうした経験をもつ個人がいかに力を合わせて分析的集合性を形成することができるかについての概要を述べる形で終わるが、著者の主張はゲーテの詩「神秘（The Mysteries）」によって預言的に先取りされていた。こうした理由から、その著者は心理学クラブに好意的であり、それをこうした分析の集合性を具体化するための手段と見なしている。ノルは、このテキストがユングによるものであること、それが一九一六年二月二六日に開催された

333　Bair, 2003, p. 276.

心理学クラブの第一回目の会合でユングによって読み上げられたこと、それがユングというカルトの秘儀的で救世主的な使命について述べていることを主張している。[334] 筆者は、最初の会合ではこうしたテキストは提示されておらず、ユングがその著者であるということを示す十分な証拠はないことを明らかにし、最も可能性があるとすれば、その著者はマリア・モルツァーであろうということを示した。[335]

ベアは、筆者の研究を批判してノルの説を擁護しており、さらにそのテキストの著者に関する我々のいずれの主張も証拠不十分と見なされるべきだと論じている。彼女は別の著者候補としてフランツ・リックリンの可能性を指摘し、リックリンとモルツァーの両者がそのテキストの内容に責任を負っていたかもしれないこと、そのテキストの手書き文字のいくつかがリックリンのものに似ていることを示唆している。彼女が示唆した別の可能性は、リックリンがユングの原稿にこれらのコメントを書いた、あるいは彼自身が著者であるというものである。[336]

そのテキストの著者としてリックリンの可能性を考慮することは、確かに十分な妥当性がある。実際筆者もこの可能性については考慮したのだが、先の著書のために調査をしている途上でそれを棄却するに至った。リックリンの手書き文字を詳細に研究した結果、それらとカウントウェイ図書館に所蔵されているテキストの文字との間には類似性がないということがわかったからだ。[337] もっと決定的なのは、リックリンが一九一六年一一月一六日にクラブの質問に対して送った返事である。そこで彼は、クラ

334 Noll, 1994, 1997.
335 筆者は次のように述べた。「これらの点は、『分析の集合性』が実際にモルツァーによって書かれたということをはっきりと示唆している。明確には証明されていないが、明らかになっている事柄を総合すると、この方向性が指し示される」(Shamdasani, 1998a, p. 72)。「『分析の集合性』がユングによって書かれたものであることを肯定する確証的な証拠は何も存在せず、何ら疑う余地なく、ユングが著者であるという主張が真実ではないことを証明するに足る証拠は存在することがわかった」(p. 84)。
336 Bair, 2003, p. 741, n.17 and 18.
337 関心のある読者には、喜んで当該の手書き文字のＰＤＦファイルを提供する。

ブを何度か訪れた結果、そこの気（spirit）が彼には良くなくて、彼の人生や必要としているものに通じるものがそこには何も存在しないことを確信したと述べている。彼はクラブと分析を同じものと見なすことができず、多くの人が彼に敵対的であることに気づいた。彼が考えるに、それは彼が許容しうると思われる人間関係を超えていた。仮に自分が必要とされているという感覚を持っていれば、自分に対して起こることにも耐えていただろうと彼は書いている。しかし彼には別にすべきことがあった。彼は締めくくりに逆に問い返して、次のように尋ねている。クラブが自分に求めていたものは何だったのか、あるいはクラブは何を批判したかったのか。その時点で、彼は有益なことをほとんど耳にしていなかった。[338] 筆者には、こうしたことを書いたのと同じ人物が、「分析の集合性」に具現化されているクラブに関する幻想的な声明を書くとは到底考えられない。それゆえ、最も可能性のある著者はやはり、マリア・モルツァーであろう。[339]

　ベアの伝記がユングの内的生活と分析心理学の社会的組織を誤って論じているのだとすれば、彼の外的生活についてはどのように論じているのだろうか。この問いを探究するために、この伝記がユングの旅をいかに論じているかを検討していきたい。

　一九二〇年代にユングは、北アフリカ（一九二〇）、ニューメキシコ（一九二四～二五）、ケニヤとウガンダ（一九二五）へ、一連の旅行をした。これらの旅は、異文化間にも通じる妥当性を備えた心理学を推進するための、ユングの試みの一つであった。

338　Archives, Psychological Club, Zürich. リックリンは、ハロルド・マコーミックの手紙に何ら言及していない。

339　モルツァーは一九一八年にクラブを辞めている。ベアは、彼女がその後、残りの生涯をオランダに戻って暮らしたと述べる（Bair, 2003, p. 259）。しかし実際には彼女はスイスに留まって、ツォリカーベルクのツォリカー通り一九八番地に住んでいた。彼女はツォリコンの墓地に埋葬されている。

さらに、系統発生的に受け継がれるものに関するユングの主張を考えれば、より文明化されていない文化において認められるものは何らかの形で、西欧人の無意識における系統発生的な層に合致しうるということになる。ユングにとってこれらの旅は、一つの系統発生的な時間の旅と見なすことができるだろう。すなわち、旅への動機づけは、彼が専念していた理論的関心から直接的に生じてきたのである。

一九二四年の終わりにユングはニューメキシコを訪れた。ベアは、民族学者であり言語学者でもあるジェイム・デ・アングロ（Jaime de Angulo）が、プエブロは「文明化され過ぎて」おり、真剣に研究に取り組むには値しないと主張したと述べる[340]。しかし実際にはその逆で、一九二五年一月一六日にジェイム・デ・アングロはマーベル・ドッジ（Mabel Dodge）に次のような彼の意図を伝えている。

もし必要であれば誘拐してでも、彼をタオスに連れていく決心をしました。彼の時間は非常に限られたものだったので、決して簡単なことではありませんでしたが、私は何とかそれをやり遂げました。しかも彼は、そこへ行ったことを後悔しなかったのです。そこでのあらゆることが、彼にとっては驚くべき発見でした。もちろんマウンテン・レイク（Mountain Lake）にはあらかじめ連絡をとっておいたのですが、彼とユングはすぐに気脈を通じ、長時間、宗教について語り合いました。ユングは、私が彼らの心理学的状態について直感していることはすべて正

340 Bair, 2003, p. 335.

鵠を射ていると言いました。彼はその夜、「紀元前一五世紀のエジプトの司祭に向かって話しているような、普通では考えられないような感覚がした」と言ったのです。[341]

ベアは、マウンテン・レイクがユングに話したことは表層的なことだったとしている。[342] しかし実際には、ユングはこれを彼の生涯における重要な会話の一つとみなしていた。カリー・デ・アングロに宛てて彼は、「マウンテン・レイクと親しくなりました。まるで彼が着実に進んだ分析における患者であるかのように、私は共感的に語りかけたのです。素晴らしい時間でした」[343] と書き送っている。ベアによると、タオスでの時間についてユングが語らねばならなかったことは、『思い出…』のプロトコルではほんの数段落にまとめられており、彼はそれについて話さなければならないことに苛立っているようだったとのことである。[344] しかし実際には、ユングはタオスでの体験を「アフリカの旅」[345] と題された原稿の中で詳細に取り扱っている。

その同じ年にユングはロンドンで開かれた大英帝国展を訪れており、そこで彼は英国の統治下にあった部族に関する調査に感銘を受けた。その結果、彼はアフリカへの旅を決意したのである。[346] 彼はH・G・ベインズとジョージ・ベックウィズ（George Beckwith）と共に旅をすることにした。その旅の途上、彼らはルース・ベイリー（Ruth Bailey）というイギリス人女性と出会い、彼女はそれ以降の旅に同伴した。その旅は

341　一九二五年一月一六日。Dodge Papers, BL.
342　Bair, 2003, p. 336.
343　一九二五年一月一九日。BP.
344　Bair, 2003, p. 337.
345　ベアは、『思い出…』でのタオスについての記述が、『全集』のさまざまな箇所でユングが語ったことの明らかな継ぎ接ぎであると主張している（Bair, 2003, p. 762, n. 40）。事実、それは「アフリカへの旅」という原稿から抜粋されたものであるが、『思い出…』において、その部分は「未刊の原稿からの抜粋」であることが明記されている（Jung/Jaffé, 1962, p. 274）。この未刊の原稿については、拙著（Shamdasani, 2003, pp. 323-328）を参照。
346　Jung/Jaffé, 1962, p. 282.

ユングに強烈な印象を与えた。帰国の折、彼らはナイル川を北上する道を選んだ。ユングは後に次のように回想している。

こうして、アフリカの中心部からエジプトへと向かう旅は、私にとってある種の光の誕生のドラマになった。そのドラマは密接に私自身に、私の心理学に繋がっていた。……私はアフリカが私に与えてくれるであろうものについて、あらかじめ何も気づいていなかった。しかし満足のいく答え、満ち足りた経験がここにあった。それは、民族学的になされてきたであろう、どんな成果よりも価値があった。……私はアフリカが私にどういった影響を及ぼすのかを知りたかった。そして私はついにそれを知った。[347]

これとは正反対に、ベアはユングの旅を現実逃避の一つであると見なす。[348] 彼女は、東アフリカへの旅によってユングは、彼の「家庭的『雰囲気』」の内にあるものが、彼にとって「耐えがたいほどひどい負担になっている」ということに気づいたと述べる。[349] これが含意するところは、ユングが彼自身と彼の妻、そしてトニー・ヴォルフの三角関係から離れるために旅をしたということである。そこで引用されている文章は実際に『思い出…』からのものであるが、そこでユングは、彼の「家庭」に言及していたのではなく、ヨーロッパ全般に言及していたのである。「ヨーロッパの雰囲気は

347 Jung/Jaffé, 1962, pp. 303-304.
348 Bair, 2003, p. 357.
349 *Ibid*., p. 340.

私にとってあまりにひどい負担になっていた」[350]。ベアは、帰国後ユングは自分がなぜ旅に出たのかと不思議がっていたと述べるが[351]、この主張を裏づける根拠は示されていないし、それは『思い出…』の中で提示された、その旅の重要性に対する彼の確信によって明確に否定される[352]。ベアは、ユングがかつての自らの論文や講演について再考し、それらが首尾一貫したメッセージを含んでいるかどうかと自問したのだと述べるが[353]、これに対する根拠は示されていない。実際にユングは帰国後も『赤の書』の制作を続けており、彼がそこに首尾一貫したメッセージが込められているか否かを疑っていたということを示すものは何もない。ベアは、『思い出…』のプロトコルからその明確な出典個所を示すことなく、次のようなユングの言説に言及している。

> 私の「科学的な」疑問は、もし私が意識のスイッチを切ったとしたら何が起こるだろうかということである。私は夢から何かがその背後に存在しているということに気づき、それが前面に出てくるための公正な機会を与えたかった[354]。

彼女は、ヨガを用いることに対するユングのコメントにも言及しているが、それは彼女が以前に『リビドーの変容と象徴』の第二部を書き上げることとの関連において言及したものである[355]。実際にはこれらの文章は、アフリカへの旅の後のユングの思想や活動に言及したものではなく、彼の無意識との対決に、より特定するならば、一九

350　Jung/Jaffé, 1962, p. 303. この文章はドイツ語では、「ヨーロッパの空気は私にはあまりに濃くなっていた」とも読める。

351　Bair, 2003, p. 357.

352　ベアは、ユングの体験を基盤にしたさらなるセミナーの開催を心理学クラブが望んでいたと述べているが(Bair, 2003, p. 357)、クラブの議事録には、こうした要望は記されていない。ベアはまた、ユングが「毎日」新たな執筆と翻訳の要請を受けていたと主張する(*ibid.*)。筆者は一九二〇年代のユングの往復書簡を包括的に研究してきたが、こういった事実は見られない。

353　Bair, 2003, p. 357.

354　Protocols, LC, p. 381.

355　Bair, 2003, p. 357. 本書一五三頁を参照。

一三年から一九一七年の期間に言及したものなのである。[356] ユングがこの時期の後もヨガを実践し続けたという証拠はない。年代配列は歴史的研究の基盤である。正確な年代配列を欠いては、伝記は確固たる基盤を欠くことになる。

　これまでに見てきたように、中国学者のリヒャルト・ヴィルヘルムが彼に中国の文献『黄金の華の秘密（*The Secret of the Golden Flower*）』の複本を送り、『赤の書』へのユングの取り組みが終わりに近づき始めたのは一九二八年のことである。ヴィルヘルム、ハインリッヒ・ツィンマー（Heinrich Zimmer）、ヴァルター・エヴァンス－ヴェンツ（Walter Evans-Wentz）やヴィルヘルム・ハウアー（Wilhelm Hauer）といった東洋学者たちとユングの交流は、歴史的、そして異文化間にも通じる妥当性を備えた心理学を構築しようとした彼の試みにおいて重要な役割を果たした。ベアは、『黄金の華の秘密』によって、ユングは「ほとんど臆病なまでにひた隠しにし[357]」続けていた錬金術に関する研究を公にする勇気を得たと述べる。さらに彼女は、これによってユングが、錬金術を単なるいんちきだとするトニー・ヴォルフの異議を克服することできたのだとも付け加える。ユング自身は一九三八年のドイツ語第二版の序文において、彼にとってのこの文献の重要性について次のように述べている。

　亡き友人、リヒャルト・ヴィルヘルム……が、私自身の研究がきわめて困難な時期に、『黄金の華の秘密』という文献を送ってくれた。それは一九二八年のこと

356　ベアは、アフリカ旅行後ユングが一年間の兵役についたと述べている（Bair, 2003, pp. 361-362）。しかし第一次世界大戦後、ユングは一九二三年と一九二七年に五日ずつ、二度兵役についたのみである（アンドレアス・ユングとの私信）。

357　Bair, 2003, p. 395. ユングの宗教的態度に関してベアは、かつてユングが自らを「キリスト教の精神をもった不可知論者」と表現したことがあると述べている（Bair, 2003, p. 127）。その言葉は、一九六〇年一一月一九日にユングがオイゲネ・ロルフェ（Eugene Rolfe）に宛てた手紙に見出されるが、その手紙はロルフェの著作『教養ある不可知論者のためのキリスト教入門』に対するユングの返信である。ユングはそこで、「あなたはキリスト教の精神を持った不可知論者に対し、キリスト教への接近の仕方を例示するという課題を達成されました」と書いている（Adler, 1975, p. 610）。すなわち、その言葉は自らを言い表したものではなく、ロルフェの著書が想定していた読者に言及したものなのである。この著

である。一九一三年以来、私は集合的無意識の過程を探究しており、その成果も得ていた。しかしその成果は、人が想定するよりもずっと疑わしいもののように私には思われていた。一五年の努力の末に私が得たものは、結論が出ないという結論であるように思えた。なぜなら、それと比較対照しうるようなものが存在しなかったからである。……ヴィルヘルムが私に送ってくれたその文献はこの困難から私を救い出してくれた。それはまさに私が長い間、空しくもグノーシスに求めて得られなかったものだった。このように、その文献は、暫定的な形ではあっても、自らの探究によって得た重要な結果のいくつかについて出版することを受け入れるよう私を後押ししてくれたのだ。

当時の私には、『黄金の華の秘密』が中国のヨガに関連する道教の文献であるばかりか、錬金術の文献でもあるという点が意義深いとはまったくわからなかった。ラテン語の論文を通じた詳細な研究によって私はより多くを学び、その文献のもつ錬金術的特徴が最も重要な意義をもっているということを後に知ったのである。[358]

このように、ユングはここで、自分が最初はその文献に込められた錬金術的性質の重要性を理解していなかったと明記しており、実際、その文献に対する注釈の中でも錬金術には言及していない。[359]

トニー・ヴォルフと錬金術の関係に関しては、後にノーベル化学賞を受賞するタデ

書に関するロルフェからユングへの書簡に関しては、Rolfe, 1989, pp. 130-131 を参照。

358 Jung, *CW* 13, pp. 3-4.

359 ベアは、ユングの錬金術研究の最初の成果は一九四六年の『転移の心理学』であると述べている（Bair, 2003, p. 526）。しかし実際には、これに先行して、「個体化過程の夢象徴」（一九三六）、「錬金術における救済表象」（一九三七）、「ゾシモスのヴィジョンについての二三の注解」（一九三八）、「精霊メルクリウス」（一九四三）、『心理学と錬金術』（一九四四）、「ボローニャの謎」（一九四五）、そして「哲学の木」（一九四五）がある。

ウス・ライヒスタイン（Thadeus Reichstein）が、一九三一年一一月七日に心理学クラブにおいて錬金術についての講演をおこなったことを取り上げるのが興味深いだろう。彼はその冒頭に、一年前にクラブの会長から錬金術に関する講義をするよう招聘があったと述べている。そのクラブの会長がトニー・ヴォルフである[360]。一九四六年、彼女はロンドンの分析心理学クラブで論文を発表しており、なぜユングが錬金術を取り上げているのかを明らかにし、その理由の正当性とその研究の重要性を示している[361]。

ユングが共同研究をした別の東洋学者は、ドイツ信仰運動を始めた人物でもある、インド学者のヴィルヘルム・ハウアーである。ベアは、ユングが二〇年にわたってヨガを実践しており、心理療法におけるその有用性についてのハウアーの見解に関心を持っていたと述べている[362]。しかしながら、ユングが二〇年にわたってヨガをしていたという証拠はない。彼はしばしば西欧人がそれを使うことへの警告を発していたし、ハウアーとの往復書簡には、ヨガに対する実際的な関心を示す兆候は見られない[363]。ユングの関心を引きつけていたものはヨガの象徴性であり、それが持つ彼の患者の個性化の過程との類似性であった。ベアは、一九三四年にユングがハウアーとの関係をすべて絶ったと述べているが[364]、これは正しくない。一九三八年まで続けられた彼らの往復書簡によって、彼らが友好的な同僚関係を維持しており、いくつかの共同研究の可能性を話し合っていたことが示されているからだ[365]。実際、一九三八年にハウアーは心理学クラブで一連の講義をおこなっている。ベアもそれについては後に述べているの

360 "Ueber Alchemie", Library of the Psychological Club, Zürich. ライヒスタインは後にノーベル化学賞を受賞している。

361 Toni Wolff, 1946. この論文を引用し、同様の指摘がハイマンによってもなされている（Hayman, 1999, p. 288）。また、トニー・ヴォルフの論文「内なるキリスト教」（Wolff, 1959 所収）は、ユングの『心理学と錬金術』を出発点としているということも指摘しておく必要があるだろう。

362 Bair, 2003, p. 434. ハウアーとユングの共同研究については、Jung, 1932 への筆者の序論を参照。

363 Jung, "Yoga and the West", *CW* 11, 1936.

364 Bair, 2003, p. 434.

365 JA.

だが、そうだとすると、前の言説と矛盾することになる[366]。

こうした研究者たちとのユングの学際的な関係は、一九四八年、ユング研究所開設の際の彼のスピーチにおいて明確にされている。そこで彼は、コンプレックス心理学にとってのさらなる研究のために、約二〇個のテーマを一覧にして提示した[367]。ベアによれば、この一覧はユングが残りの生涯をかけて取り組んだテーマを実際に示したものであり、ユングはそれらの研究を完遂したという。しかし彼の後に続く著作を調べれば、そのいずれもが正しくないことがわかる。先に明示されたように、その一覧はユングが学生たちに向けて推薦したものであった[368]。

最後に、性にかかわる問題を論じることにする[369]。

先にも見たとおり、ユングと彼の女性患者の関係をめぐっては多くの憶測と噂が存在し、それらはすでに確立された事実として取り扱われている。

『分析心理学（*Journal of Analytical Psychology*）』誌の元編集責任者であるコリン・コヴィントン（Coline Covington）は次のように主張している。

> ザビーナ（シュピールライン）の治療の直後、ユングは精神病的虚脱状態と思えるようなものを体験した。この時期の後、ユングは女性患者（彼の自宅に住み込んでいたトニー・ヴォルフまでを含む）への抗しがたい性的転移を示し続けた。彼はそこで幼少期の関係を反復していたのである――乳母との濃密な関係、より隔たり

366　Bair, 2003, p. 469. リチャード・エルマン（Richard Ellmann）は、ベアのベケットについての伝記の書評で、ベアは「信頼できないということを示す情報を自ら集めておきながら、誤った見解にしがみつく」（Ellmann, 1978, p. 236）と評したが、これはその一例である。

367　Bair, 2003, p. 750, n.36. ベアは、ユングがこの言葉を使うのをやめて、彼の業績を「分析心理学」と呼ぶようになったと述べているが、実際はこの逆である。

368　*Ibid*., p. 534. これに関しては、Shamdasani, 2003, pp. 345-347を参照。

369　ジャスティン・カプラン（Justin Kaplan）は次のように記している。「最近の基準から言えば、窃視的・性愛的な興奮を伴わない伝記は、マスタードのついていない野球場のホットドックのようなものだ」（Kaplan, 1994, p. 1）。

のあった母親との関係、父親をすっかり亡きものにしたい願望、これらはすべて、彼と彼の母親を共に愛してくれる父親への自らの欲求を知らずに済ますためのものであった。[370]

このことが示唆するのは、シュピールラインの治療と彼女との関係が、ユングを「精神病的虚脱状態」に至らせたということである。しかしながら、シュピールラインに対するユングの正式な治療は、実際には一九〇五年におこなわれている。コヴィントンは、自らがどの患者に言及しているのかを列挙してはいないし、ユングが彼女らに「抗しがたい性的転移」を起こしていたという証拠を示してもいない。にもかかわらず、彼女はどういうわけか、ユングが知らなかったことを、すなわち、これらの関係においてユングが自らの秘められたエディプス的願望を無意識のうちに反復していたということを「知っている」のである。[371]

多くの憶測を呼んでいる一つの症例は、クリスチアナ・モルガン（Christiana Morgan）の症例である。一九三〇年代にユングは心理学クラブにおいて、彼女のヴィジョンに関する一連のセミナーをおこなった。このセミナーの最初に、彼は次のように自らの意図を述べている。

この講義では、夢とヴィジョンからいかに超越機能が発展していくのか、そして、

370 Covington, 2001, p. 114.

371 ザビーナ・シュピールラインと、彼女とユングの関係についてこれまでに書かれた神話は大量にある。これを正すものとしては、Graf-Nold (2001); Lothane (1999); Vidal (2001) を参照。

最終的には個人の統合に貢献するそれらのイメージが実際にいかなるものを象徴するのかについて、すなわち、さまざまな対立物のペアの合一と個性化の全過程について論じる。[372]

ユングがクリスチアナ・モルガンと性的関係を持っていたと考える人がおり、ユングと彼女の往復書簡についての考察もなされている。[373] ベアは、クリスチアナ・モルガンの死後、ヘンリー・マーレイ（長く彼女の恋人だった人物）がユングと彼女の往復書簡を、当時ユングの書簡集を出版準備中だったゲルハルト・アドラーに送り、アドラーはそれらの手紙をユングの息子であるフランツ・ユングに送ったが、彼は「それらを隠したか、破棄してしまったかのいずれかである」と述べている。[374] 彼女は、ユング遺産財団が、そうした手紙は存在しているが、二〇〇三年までそれらを研究目的で利用することはできないと主張したと言明している。[375]

存命中のユングの遺産相続人の誰もこのような文書の隠し場所を知らない。[376] スイス連邦工科大学のユング・アーカイブには、ユングとクリスチアナ・モルガンとの往復書簡が数多く所蔵されており、それは閲覧可能なものである。筆者は二〇〇二年にこれらを閲覧した。そこにユングの側からの性的搾取を示すものは認められず、彼らの関係についてベアが主張するような理解は支持されなかった。また、ハーバード大学カウントウェイ医学図書館にあるクリスチアナ・モルガンの文書類にも、ハーバード

372 Jung, 1930-1934, p. 3. ベアは、参加者たちとの間の三角関係が一つの中立地帯においてうまく折り合う機会を提供するだろうと考えて、ユングがモルガンの事例を選んだ可能性があると示唆している。彼女の主張するところによれば、この講義はユングがモルガンに「強く引きつけられていたこと」に即応していたとのことだが、これを裏づける十分な証拠は提示されていない（Bair, 2003, p. 391）。

373 ユングとモルガンの間の不倫関係を示唆するものは、フォレスト・ロビンソン（Forrest Robinson）によるヘンリー・マーレイの伝記（Robinson, 1992）には一切見出されない。これはマーレイに対しておこなった長いインタビューに基づいて書かれたものである。

374 Bair, 2003, p. 777, n. 67.

375 *Ibid.*

376 ウルリッヒ・ヘルニィとの私信。

大学ホートン図書館のヘンリー・マーレイ文書にも、このことを裏づける証拠を見出すことはできなかった。仮にこうした主張をしたいのであれば、それを裏づける証拠を提示することが必要だろう。一九三〇年一〇月三一日にユングはモルガンに次のように書き送っている。

ささやかなお願いがあって手紙を書いています。謎に満ちた無意識のイニシエーション過程を説明するために、あなたが私を信頼して託してくれた素材を用いることを許してはもらえないでしょうか。実際のところ、私はすでにそれを一二人のドイツ人医師を対象にした講義で、個人が特定されるものはすべて伏せて、もちろん純粋に非個人的な観点から用いたことがあります。[377]

セミナーが進む間、ユングはモルガンに講義のために準備したノートの写しを送っている。そしてモルガンは、一九三一年六月、ユングに対して、ヴィジョンの質を損ねないでいてくれたこと、それどころか実際にはそれらをいっそう豊かにしてくれたことを感謝している。[378] セミナーの期間中、その素材が誰のものであるかということに関する噂話がもち上がった。一九三一年一一月五日にモルガンはユングに宛てて、こうした状況は前もって覚悟していたことであり、特に気にしていないと書き送っている。ペーター・ベインズが誰かに彼女がその素材の主であると教えたことを快くは思

377 JA. 原文英語。
378 *Ibid.*

わなかったが、最終的にはこうした体験は純粋に個人的なものではなく、彼女自身のものであるのと同じくらい、ユングと彼の研究のものなのだと彼女は認識するに至った。[379] 後の一九三二年八月一五日の手紙の中でユングは、彼女の素材に対する自らの態度について次のように説明している。

そのトランスに関して、それが含んでいた個人的側面は十分に理解していましたが、特定の個人を示唆するものについては、すべて慎重に遠ざけておきました。そうしなければ、人々はそれに過剰に興味をもち始めることでしょう。それでは、自分自身を探究し、非個人的態度を身につけるという、より困難な課題を学ぶのではなく、個人的な心理学を互いに貪り尽くすという誤りを犯すことになってしまいます。ただ、何か現実的な個人的背景をすぐに察知する人もおり、そうした人たちから手がかりを隠しておくのは難しいことです。個人的な次元における生とは、むしろ小さな問題であり、そのより高度な次元とは非個人的なものなのです。そして、歴史に対する責任とでも言うようなものがそこには存在しています。[380]

何年もの後、モルガンはユングに、彼女とヘンリー・マーレイが彼に感謝しているということを伝える手紙を送っている。そこでは、彼らが「道」を見つけたのはユングを通じて、特に彼のアニマの概念を通じてであり、彼らの創造的な生活と幸福はユ

379　ベアは、このセミナーの期間中にはこうした噂話は存在しなかったと誤った主張をする一方、彼女であることが特定されかねないほど、ユングはモルガンのプライバシーを暴露したとも述べている（Bair, 2003, p. 391）。

380　JA. 原文は英語。

ングのおかげであることが告げられていた[381]。

ブロームと似たやり方で、ベアは匿名の情報源を用いている。そしてこれもブロームと同様、それらの情報に言及されるのは、ユングが持っていたとされている婚姻外での関係についてのコメントとの関連においてである。ベアは一九〇七年頃のこととして、「その女性が彼の前をうろつくと、彼のあまたある戯れ心はますます危険なものとなり、ひいてはますます興奮するに至った[382]」と記している。この言説の情報源は明示されていない。一九〇九年に起こった出来事に言及して、彼女は、チューリッヒベルクに住んでいたある裕福な女性の日記に別の密通がほのめかされていること、またある女性の日記には彼女の家での「治療セッション」がやがて性行為に変わる様子が生々しく描写されていることに言及している[383]。これは深刻な申し立てであり、ユングの婚姻外の恋愛関係に関してブロームが述べていたことの範疇を超えている。なぜならそれは、これらの出会いが治療の文脈において生じたと主張しているのであって、もしそうならば、ユングは職権を乱用していたということになるからである。脚注の中で、ベアはこれらの女性の娘たちとのインタビューにおいて、「戯れと本物の情事の中間のようなもの[384]」が自分たちの母親とユングとの間で起こったと彼女たちはほのめかしたと述べている。これが何人の女性を指しているのかについては語られていない。歴史研究においては、自らの主張の証拠を提示することが必要不可欠である。さもなければ、その真実性を判断することはできないからだ。筆者はユングの患者の日

381　一九四八年六月八日。JA.
382　Bair, 2003, p. 114.
383　*Ibid.*, p. 181.
384　*Ibid.*, p. 708, n.46.

記を数多く研究してきたが、その経験では、それらのうちどれくらいが事実の報告なのか、あるいは夢やアクティブ・イマジネーション、ファンタジー内での会話なのかを区別することは必ずしも容易ではなかった。

匿名の情報源であることに加え、出典の明示されない言説があまりにも多い。一つの例は、次のようなものである。一九一四年のユングの財政状況について語りながら、ベアは「自分は成人の活動ができないというユングの主張」に言及している[385]。このような奇妙な言説は、一体どこからやって来るのだろうか。

ブロームとベアが仮定した、いくつもの恋愛関係は存在したのかもしれない。しかしそれらを裏づける確固たる証拠が示されなければならない。彼らの研究におけるいくつもの誤りに鑑みれば、記録文書が公になるまではさしあたり、筆者はこれらの仮説に一切の信頼を置かないつもりである。このことは、匿名の情報源からの情報や同定不可能な私的な記録、出所の明確でない情報についても同様である。

この章は、ベアの伝記を包括的に概観するものでは決してなく、実際的な誤りに焦点を当ててきた。そうした誤りは、ここに取り上げて詳述してきた以上に存在する[386]。こうした誤りが積み重なっているため、この伝記において描き出されるユングの全体像には何の説得力もないように筆者には思える。仮に、ユングが主張したように、彼の伝記に課される主要な課題が彼の思想の発展を中心に据えることなのだとすれば、この一番最近の伝記でさえも、それ以前のものと同様、それに成功してはいないので

385　*Ibid.*, p. 253.

386　ヴィクトール・ホワイトとユングの関係を扱う際のベアの誤りについては、Lammers, 2004を参照。

ある。

終章　伝記後の生涯

本書のはじめに、伝記の主題として自分が適しているか否かの判断をユングが留保していたということについて検討した。振り返ってみれば彼のこの懸念は的を射ており、実際に彼の身に降りかかることになった運命を予見していたかのようでさえある。これまで述べてきたことに基づいて、筆者は、現在までのユングの伝記はいずれも決定版とは見なしえず、それらすべてに多くの不備があると考えている。死後に多様化されたユングの生涯は、歴史上実在したユングへのより意義深い接近を可能とするものではなかった。筆者の見解では、バーバラ・ハナーによる最初の伝記が最も信頼性が高く、最も重要なものであるように思える。

死後のユングの「生涯」は、変化に富んだ一連の人物像を提供してきた。時として、二つの伝記が同じ人物を素材にしていると気づくことさえ困難な場合がある。本書では、資料的根拠、公刊および未刊の情報源の用い方、その主張の首尾一貫性という観点からそれらを評価することを試みてきた。以下に、それらのうちのいくつかに認められた、不十分な点の一部を挙げておく。すなわち、年代順の混乱、公刊されているすべての関連資料を参照していないこと、著作権が放棄された、あるいはいくつかのアーカイブに所蔵された資料の誤った解釈、匿名の情報源への依存、解釈の事実化、神話の反復、ユングの着想とその歴史的文脈に対する不十分な理解、ユング自身による草稿や往復書簡の参照の不十分さなどである。また、ユングの夢やファンタジーがいかにしてあまりにも頻繁にあたかもロールシャッハ・テストのインクブロットのような役割を果たしてきたのか、いかにしてあらゆる様式のファンタジーを魅了してきたのか、そしてユングに関する小説や劇とノンフィクション作品との間の境界線が本来あるべきほどに明確ではなかった、ということも見てきた。

これらを踏まえれば、今後のユングの伝記に対してどのような展望を持ちうるのだろうか。こうした不十分な点は、現代の歴史研究法を用いることによって、実際簡単に修正されるだろう。[387] いくつかの伝記でも述べられていたように、ユングの伝記の決定版は、あらゆる重要な情報が利用可能になり、研究されて初めて可能になるということは言うまでもない。学術的で史実に基づいた形で、彼の未刊の原稿、往復書簡、そしてセミナーが出版されることで、今後の伝記、さらにはあらゆるユングに関する今後の研究は、より一次的なテクストに根ざしたものとなりうる。ユングの『赤の書』が出版されて初めて、将来の伝記はようやく最も重要な一次資料に基づくことが

387 社会的、そして知的文脈に対して十分に忠実な伝記作品の例としては、ジャネット・ブラウンによるダーウィンの伝記（Browne, 1995, 2002）、ローレンス・フリードマンによるエリクソンの伝記（Friedman, 1999）、フェルナンド・ヴィダルによるピアジェの伝記（Vidal, 1994）を参照。これらの著作を十分に検討することで、伝記を二つの異なるジャンルに類別することが可能だろう。すなわち、この著作において主要な考察の対象であった、プロの伝記作家による伝記と、科学史研究家による伝記である。ユングについての伝記の伝統の傍ら、多くの研究者によるユングに関する重要な歴史的研究が静かに進行しているということも明記しておくこともまた重要である。

可能になるのだ。同時に、伝記は歴史的文脈への当てはめにおいては成立しえないという点を強調しておくことも重要であろう。

本書では、ユングの生涯を書き記す半世紀にわたる試みを概観してきた。それを通して、それらが多くの不備を抱えていることが明らかになったのだとすれば、同時にこの結論は、多くの手による一次的調査がまだこれからなされねばならないという事実も示している。こういった調査は、現在のユングに対する見解を思いもよらぬほど変化させる力を秘めているのである。

思い出・夢・削除[1]

ソヌ・シャムダサーニ

「ここまで重要で、強烈に独創的な本があるだろうか。――至大なる成功を得、名著となるであろう！」

――Richard Hull, 1960[2]

『思い出・夢・思想（*Memories, Dreams, Reflections*）』は一般にユングの最も重要な著作と見なされており、また最も広く知られ、読まれてきたものである。これは彼の最後の遺言とも捉えられてきた。というのも、ゲルハルト・アドラーが述べているように、「ユングがここまで率直に自分自身を露わにし、あるいは彼の決断の岐路や内的な法の存在について証言しているようなものは他のどこにもない」からである。[3]ユングの死以来、本書は彼の人生に関する屈指の情報源であり続け、また大量の二次文献を生

1 このタイトルについては、マイケル・ワン（Michael Whan）に感謝する。

2 一九六〇年五月四日付のリチャード・ハルからジョン・バレット宛の手紙。BA. ハルの手紙は、ビルテ－レーナ・ハル（Birte-Lena Hull）夫人の許可のもとに引用してある。

3 Adler, 1963, p. 85.

み出してきた。本研究で、筆者はまずこの二次文献の大多数を切り捨てていくことになる。理由は後に明らかになるであろう。ユング理解、そして二〇世紀の知の歴史におけるユングの正当な位置づけの妨げになる意味合いを持ってきた経過のために、『思い出・夢・思想』がユングの自伝とはほど遠いものであることを示したいと思う。『思い出・夢・思想』の存在は、ユングの学術的な研究を著しく遅らせてきた。最初期に出たものの一つであるバーバラ・ハナーの伝記的回想録において、彼女はその序文に次のように書いている。「……ユングの子どもたちは、父親について書かれた伝記的な書物のどんなものにも非常に反対していた。彼らは、必要なことはすべてユング自身の『思い出・夢・思想』の中で述べられていると感じていたからである」[4]。ユングの伝記が書かれることになると、それらはすべて例外なくその本に大きく依拠し、これを情報源としてのみならず、ユングの人生の根本的な語りの構造として捉えたのである。それゆえハナーは『思い出…』について、「……常にユングに関して最も深く、最も信頼性のある情報源であり続けるだろう」と書いている[5]。現在普及しているユング理解のあまりに多くがこのテキストに依拠しているため、これを抜本的に読み直さない限り、そのような理解が変化しうる見込みはないのである。

そもそも、ユングによる自伝の意義は、心理学という企ての本質に関する彼独自の理解に必然的に内包されるものであった。ユングは、彼の中心的な洞察の一つとして「個人的方程式」という考えを主張している。彼は次のように書いている。「……哲学

4 Hannah, 1976, p. 7.
5 *Ibid.*, p. 8.

的な批評は、どの心理学も——私自身を含め——主観的な告白という性質を持っていると考える助けになった」[6]。この見解に賛成するかどうかはさしおいても、これはユング心理学を理解する上で重要なことである。というのも、このことはユングが自らの心理学をいかに理解していたか——そしてどう理解されるべきだと考えていたかを明確に示しているからである。

しかしながら、一九二五年の私的なセミナー[7]で興味をそそる片鱗を覗かせたのを除いて、ユングが自らの身の上話を公に示すことはなかった。理論家の伝記の重要性に関する彼独自の理解から考えれば、おそらくこの空白は彼の著作を理解する上での大きな障害を示しているのだろう。同じセミナーで、彼はこの空白の一つの理論的解釈を率直に提供している。

ここまでが、タイプに関する私の本の発展を外から描写したものです。これが、あの本が登場して、出来上がり、終わっていった仕方だと言ってまったく差し支えないでしょう。しかし、別の側面があります。間違って迷走したり、不純な思考があったり、などなど、それらを公にするのは男性にとって常に難しいものなのです。男というものは、方向づけられた思考の産物を完成した形で人に見せ、それがそのような形で、弱さとは無縁に彼の精神から生まれ出たのだと思わせることを好みます。思考する男性の知的生活に対する態度は、女性のエロス的生活

6　Jung, "Freud and Jung: Contrasts", *CW* 4, §774.
7　Jung, 1925.

に対する態度とかなり類似しているのです。ある女性に、結婚した男性についてこう尋ねるとします。「どうして彼と結婚することになったのですか？」と。すると彼女はこう言うでしょう。「彼と出会い、彼を愛した、それだけよ」と。彼女は細心の注意を払って些末な事もすっかり隠し、彼女が巻き込まれていたかもしれない状況には目をつぶって、あなたに順調さという無敵の完全性を見せることでしょう。自分の犯したエロス的な過ちについてはとりわけ隠すものです……

男性が自分の本に対するのはそれとちょうど同じです。彼は秘密の同盟、すなわち彼の精神の過失（*faux pas*）については語りたがろうとはしません。これこそが、たいていの自伝の嘘を作り出しているのです。性ということが女性においてほとんど無意識的なのと同様に、男性において思考の劣った側面はほとんど無意識的なのです。そして、女性が自らの性的なものについて力の要塞を築き、その弱い面のいかなる秘密も明け渡そうとしないのとまったく同じように、男性は力を思考に集中させ、それを公に対する、特に他の男性に対する堅牢な最前線として保持しようと目論みます。もしもその領域について真実を語るとすれば、それは敵に砦の鍵を譲渡することに等しいと考えているのです。[8]

この注目すべき発言において、正直であることはほとんど不可能なので、「たいて

8　*Ibid.*, pp. 32-33.

いの自伝の嘘を作り出している」としてユングが考えているのは、そうした試みに取りかかるということが大きな禁忌であることを証明している。ユングは明らかに、敵に「砦の鍵を譲渡すること」に何ら関心を持っていなかったのである。このセミナー以降何年もの間、ユングは一貫してこの立場を守っていた。一九五三年、ユングの精神的指導者であるスイスの心理学者テオドール・フルールノワの息子、アンリ・フルールノワが、ジュノー博士の質問をユングに取り次いだ。それは、ユングが自伝を書いたか、あるいはそうするつもりはあるかとの問いであった。[9] ユングは次のように答えている。

私は常に自伝というものを疑ってきました。なぜなら人は決して真実を語れないからです。人が正直であるとか、あるいは人が正直だと信じている限り、それは幻想か、もしくは悪趣味です。[10]

後に『思い出…』の場合になって、ユングはそうした幻想に負けたり、あるいははなはだしく趣味が悪くなったりしてしまったというのだろうか。ユングは、生涯の友であるギュスターヴ・シュタイナーへの手紙において、周りからプレッシャーをかけられてはいるものの、依然として自伝を引き受けることに対して抵抗を抱いていることを表明している。

9　一九五三年二月八日付のアンリ・フルールノワからユング宛の手紙。JA.

10　ユングからアンリ・フルールノワ宛の手紙。Adler, 1975, p. 106. 筆者による改訳。ユングの別刷集のユルグ・フィエルツへの献辞に、ユングは端的にこう書いている。「私自身は自伝が嫌いです」（一九四五年一二月二一日。Adler, 1973, p. 404）。

ここ何年も、さまざまな機会に私自身の自伝のようなものを書くようにとの提案がありました。私にはその手のことを考えることができません。私はあまりに多くの自伝と、その自己欺瞞や都合の良い嘘を知っていますし、自分を表現し、自分をこのような試みに委ねることの不可能性についても多くを知りすぎてしまっています[11]。

ユングは、自分の伝記の可能性に関してもまったく楽観していなかった。J・M・ソーバーンはユングに自分の人生の伝記を委託してはどうかと勧めていたが、それにユングは以下のように答えている。

……私があなただったら、伝記に頭を悩ませたりしないでしょうに。私は伝記を書きたくないのです。動機が欠けていることはさておくとしても、どうやって書き始めたらいいかわからないでしょうから。いわんや他の誰かが、この死すべき運命や晦渋さ、熱望や色々なものの寄り集まった複雑なゴルディオスの結び目をどうやって解けるのかわかりません。そのような冒険に挑もうとする者は誰でも、もしも本物の仕事がしたいなら、私の理解を超えたところで私を分析すべきです[12]。

それでは、『思い出…』はいかにして誕生したのか。それはまず、驚くべき編集者

11　一九五七年一二月三〇日付のユングからギュスターヴ・シュタイナー宛の手紙。Adler, 1975, p. 406. 筆者による改訳。

12　一九五二年二月六日。*Ibid.*, pp. 38-39.

であるクルト・ヴォルフの提案から持ち上がった。当時、ユングはすでにルートリッジ・アンド・ケーガン・ポール社およびボーリンゲン財団と独占契約を結んでいた。別の出版社がユングの「自伝」を出版に持ち込むというのはかなりの驚きの成功であった。もっとも、それはクルト・ヴォルフなら明らかにその可能性があるが。「作家たちを誘い出すことについて」と題された論説で、ヴォルフは次のように書いている。

> 世界のどこの国にも売春婦の人身売買に関する厳しい法律がある。これに対して作家というものは、保護されていない種類の人々であり、彼らは自分自身を守らなければならない。売春婦貿易における少女たちのように、彼らには売買される可能性があるが、作家の場合はそれが違法ではないというだけである。[13]

ユングの翻訳者であるリチャード・ハルに、クルト・ヴォルフは次のように描写されている。

> ……何年もの間、彼はユングがそれ〔自伝〕を書くよう説得を試みてきた。どれだけユングが常にそれを拒んできたことか、そして彼がどのようにして、ユングが手当たり次第に口述できるような「エッカーフラウ」という幸福なアイディアをついに思いついたか。エッカーフラウとは、アニエラ・ヤッフェである。[14]

13 Ermarth, 1991, p. 21.

14 Hull, "A record of events", BA. 一九六〇年七月二七日。ビルテ－レーナ・ハル夫人の許可を得て引用。アニエラ・ヤッフェは『思い出…』の序文において、この役割を引き受けるよう彼女に提案したのはヨランデ・ヤコービであったと述べている。また、エッカーマン－ゲーテという喩えはユングにも理解されていた。クルト・ヴォルフへの手紙において、彼はこう書いている。「困ったことに、エッカーマンの『対話』を読んだとき、私にはゲーテさえも気取ったうぬぼれ屋であるように思えました」（一九五八年二月一日付のユングからクルト・ヴォルフ宛の手紙。Adler, 1975, p. 453）。

クルト・ヴォルフはハーバート・リードへの手紙の中で、最近分析したところでは、ユングにこの仕事を引き受けるよう説得したのはアニエラ・ヤッフェだった、と書いている。[15] 別の出版社が関わったことによって、この本は他のユングの著作と同じ編集ルートを進まなかったが、このことが後の出来事に重大な意味を持つこととなった。『思い出…』の序章で、アニエラ・ヤッフェは次のように書いている。

我々が着手したのは一九五七年春のことだった。本書は「伝記」としてではなく、ユング自身を語り手とした「自伝」という形式で書かれるよう提案されていた。本書の形態はこの計画によって決まっており、私の第一の仕事は、ただ質問をし、ユングの答えを書き留めることにあった。[16]

この本が出版されたとき、それがユングを理解する上で持つ意義を、アンリ・エレンベルガーが鋭く指摘している。

心理学や精神医学の世界で、カール・グスタフ・ユングほど間違って理解されている人物はほとんどいない……分析心理学の創始者の生活や人柄、仕事に関して、これまで作り上げられてきた異なるイメージをもっともらしい仕方で統合するのを可能にすることこそ、まさしく彼の『思い出…』が興味をそそる点である。[17]

15 一九五九年一〇月二七日付のクルト・ヴォルフからハーバート・リード宛の手紙。BA.
16 Jung/Jaffé, 1962, p. 7.
17 Ellenberger, 1964, p. 993. 筆者による訳。

しかしながら、これから論じていくように、まさにそのもっともらしさがユングの著作をめぐる誤解を払拭するどころか、それを思いがけない規模にまで広げていくのである。

もとより、ユングの削除をめぐって多くの推測がなされてきた。一方では、ユングがトニー・ヴォルフとの生涯にわたる不倫関係や、オイゲン・ブロイラーやピエール・ジャネといった人物、またナチスへの協力という噂されている厄介な問題について言及していないことに多くの非難があった。ユングによる削除は、主観的な告白ということをその心理学の根本理念に置くような心理学者として、背信や知的な不誠実さの表れであると論じられてきたのである。深刻にも、こうした非難はユング派の活動に対する告発として用いられ続けている。

他方では、この同じ削除が正当化されるばかりか意味深い理論的根拠を与えてさえいる。アニエラ・ヤッフェは次のように書いている。

　読者の多くが失望するところであるが、ユングの回想録には個人への言及がほとんど完全に欠けている……これに対する批判やユングの「関係の持たなさ」への非難は的を外れている。彼の目はつねに非個人的なものへ、隠れたる元型的なものへと向けられていたのだ。つまり、彼自身の人生に関わる限りにおいてのみ明らかにしようとした背景的なものへと。[18]

18　Jaffé, 1989, p. 133.

『思い出…』は自伝、そして西洋の自己理解の新たな歴史を開くものにほかならないとして、こうした削除は正当なものであると主張している者もいる。つまり新しい、「内面的な」形の現代的な心理学的自伝の始まりとなるので、『思い出…』はアウグスティヌスあるいはルソーによる『告白』と同じくらい歴史的に重要なものであるというのである。[19]

こうした読み方は、便利な言い方をすればユングの聖典化とも呼びうるものであるが、キャスリーン・レイン（Kathleen Raine）はその評論「遣わされし者（A sent man）」においてこれを表明している。そこで彼女は端的にこう述べている。

ユングの人生は、あまりに断片的にしか明らかにされていないとはいえ、通俗の自伝との比較を誘うものではない。そうではなく、プロティノスやスウェデンボルグの人生、秘蹟の織り込まれた、聖人や賢者たちの人生と比較されるものなのである。[20]

聖人の人生との比較をおこなったのは、レイン一人ではなかった。心理学者のハンス・アイゼンク（Hans Eysenck）が、その人らしい異なる観点から同じ類推をしている。彼は評論で次のように述べる。

19　こうした類推をおこなった最初の人たちの一人が、書評「ユング——心理学の聖人」を書いたアーサー・コールダー－マーシャル（Arthur Calder-Marshall）である。そこで彼は次のように述べている。「この本……はルソーの『告白』と同じくらい古典になることを定められている」(Calder-Marshall, 1963, p. 24)。

20　Raine, “A Sent Man”, 1963, p. 284.

聖人伝を書く侍祭には、聖人自身によってその試みを助けてもらえるような幸運な機会はめったにないものである。アニエラ・ヤッフェはユングとの広範な議論をおこなうという恩恵を得た。……したがって、それはユングが自分自身を与えたいと願う像のようなものを表していると見なすことができるだろう。[21]

『思い出…』のプロローグにおいて、ユングは「私は今、私の生涯の神話（den Mythus meines Lebens）を話すことを……引き受けた」と書いている。それゆえこのテキスト自体が、そのような神話がとるであろう姿の模範となる例として受け取られたのである。こうして、それはユングの生のみならず、心理学的に個性化された生がとるべき形の決定的な説明とも見なされることになった。エドワード・エディンガー（Edward Edinger）は以下のように論じている。

……ユングによる自分自身の神話のなさの発見が、現代社会の神話のない状態と一致していたのと同じように、ユングによる彼自身の神話の発見は、我々の新しい集合的神話の最初の現れであることが後に判明するであろう……ユングの人生における重要なエピソードのほとんどすべては、新しい神話によって生きることの帰結であるような新しい存在様式の模範として見ることができる。[22]

21　Eysenck, "Patriarch of the Psyche", 1963, p. 86.
22　Edinger, 1984, pp. 12-13.

アニエラ・ヤッフェは、『思い出…』の序文において、その発端が最終的な形態を決定したと述べている。ここで、アニエラ・ヤッフェおよび彼女とユングとの関係について少し説明がいるだろう。ヤッフェが初めてユングに出会ったのは一九三七年のことであり、その後、彼との分析が始まった。その二〇年後に、彼女はユングの秘書になる。その仕事はヤッフェにうってつけのものであったのだろう。彼女はすでにギデオン教授やフォン・チャルナー教授の自由契約の秘書として働いていた。[23] 一九四七年にはチューリッヒのユング研究所の秘書になっている。

あるインタビューにおいて、彼女はユングが妻を亡くした後のことを回想している。ユングが書簡に返答する気力を失っていたため、彼女が多くの手紙に彼の名で答え、時折小さな訂正ができるよう、その返事を彼に読み聞かせていたというのである。[24] この驚くべき発言によれば、この時期のユングの書簡のうちでこの方法で書かれたものが正確にどれだけあったのか不明瞭なままである。ユング晩年の書簡は、アニエラ・ヤッフェがゲルハルト・アドラーと共に編集した書簡選集第二巻の大部分を占めているが、これらは通例、彼の最も思慮深く、思いやりに満ちた発言を含んでいると受け取られているのである。そのうちのどれだけ多くが、実際にはアニエラ・ヤッフェによる仕事であったのか。

こうした仕事の手配には、ユングがヤッフェに見せた「彼の名前で書く」ことを許すほどの第一級の信頼が示されている。これはさらに『思い出…』がいかに構成され

23　Interview with Gene Nameche, CLM, p. 11.
24　*Ibid.*

たかを理解するための助けにもなる。ユングは初めから、「彼の『私』を引き受ける」能力と、それを外の世界に表現する能力を彼女に認めていた……のである。

ヤッフェは『思い出…』の序章で、ユングが「本書の原稿に目を通し、承認した」と主張している。[25] それゆえ一般には、本文におけるいかなる削除も最終的にはユングが責任を負っていると見なされてきたのである。しかしながら、初期のうちから別種の削除があるのではとの噂が存在していた。一九七七年におこなわれたスザンヌ・ワグナーとのインタビューにおいて、ヤッフェにこの問題が投げかけられている。

ワグナー：彼の自伝には、公刊することが許されなかった部分があると聞きました——たとえば、生まれかわりについての考えといったようなものです。

ヤッフェ：それはありません。我々は私が出版できると考えるすべてのものを出版しました。私の削ったのは、彼がアフリカについて書いた章の数箇所だけです。単純に長すぎたのです。あれでは本一冊を丸ごと使ったでしょう。それでも私はこのことを彼と話し合いましたし、彼はとても喜んでいました。[26]

ここでは、本文中の重要な削除は唯一、一冊分の長さほどあったというユングのア

25　Jung/Jaffé, 1962, p. 9.
26　Wagner, 1992, p. 109.

フリカ旅行の記述だけであったように見える。その記述はユングの著作における失われた大陸であろうが、その後も決して表には出てきていない。しかし、たとえ削除がこれだけだったとしても、ここで決定的なのは、なされた変更をユングが認めたという彼女の発言である。

本研究の引き金にもなった一九八八年の筆者とマイケル・フォーダムとの会話において、彼は自分が読んだ『思い出…』の初期の草稿に対する印象を語った。はじめのほうの章は公刊された版と大きく異なり、「ずっと狂気じみた」ものであったと述べているのである。その後筆者は、ハーバード大学のカウントウェイ医学図書館で編集時のタイプ原稿の存在を突き止め、そして章全体が公刊されていないもの——たとえば、ユングのロンドンとパリの旅の記述や、ウィリアム・ジェイムズに関する章——があるばかりか、ほとんどすべてのページに重要な編集がなされていることを見出した。[27]そこで筆者は、本研究の計画に関してアニエラ・ヤッフェに接触を試みた。彼女は、本のもとになった資料のすべてが公刊されたテキストに入れられたわけではないこと、また自分が後にさらなる資料のいくつかを用いようと計画していたが、ユングの後継者たちがそれを認可しなかったということを筆者に聞かせてくれた。[28]また彼女は、そのインタビューを書き写した原稿がアメリカ議会図書館にあるということを教えてくれ、筆者は後にそれを調べることになった。[29]

まずはテキストの一般的特徴について触れたいと思う。カウントウェイ原稿が公刊

27　リチャード・ヴォルフ（Richard Wolff）博士には、研究を円滑に進めさせてくれたことに感謝したく思うが、彼は筆者に、出版に関わっていた編集者の一人がこれを本屋に売ったのだと教えてくれた。その後、ジェイムズ・チータム（James Cheatham）博士によって追跡され、一九七九年五月にハーヴァードの医学図書館に寄贈された。そこには、幾人かの手による修正がなされており、そのうちのいくつかはアラン・エルムス（Alan Elms）によって次のように同定されている。ジェラルド・グロス、アニエラ・ヤッフェ（リチャード・ウィンストンを通して）、リチャード・ハル、ヴォルフガング・ザウアーランダー（Wolfgang Sauerlander）、リチャード・ウィンストンに加え、ユングの手によるものではない「CGJ」と書かれたメモがあるということである。

28　一九九一年一月付のヤッフェから筆者宛の手紙。ヤッフェの遺産の執行人が引用の許可を与えていないため、彼女の手紙と原稿、草稿、タイプ原稿からのすべての発言は、言い換えて掲載している。

版を拡張したものと見なせるのに対して、それは未公刊のインタビュー原稿には当てはまらない。ヤッフェ自身が、公刊されたテキストと実際のインタビューの違いについて触れている。人によっては、彼女がユングの秘書であったため、『思い出…』の編纂における彼女の仕事は単純にユングの口述を書きとることだけであったと主張する者もいた。この主張に立腹したので、彼女は自分が実際にとっていた役割を明らかにする気になった。手紙の中でヤッフェは、大多数が主張しているように、ユングがただ彼女に対して口述していたのだとするのはまったく馬鹿げていると記している。ユングはフロイト派の自由連想のように語っていたので、その語りの様式は出版には適していなかったと述べる。こうした連想を解き、一貫した語りにするために、彼女はたくさんの仕事をせねばならなかったというのである。それゆえ、テキストが単に口述されたものだとする見方は、彼女の仕事への最高の賛辞を示しているというのである。[30]

この発言は、彼女がテキストに実際に手を入れていたことを明らかにしており、ユングの生涯のエッセンスとしてのみならず、それが示す個性化という新しい神話の模範例として受け取られてきた本全体の語りの構造が、多くは彼女の構成によるものであったということを示唆している。ところがタイプ原稿自体は、まったく異なる印象を与えている。たいていはヤッフェが特定の質問をして、それにユングが自由に連想しながら答える形になっており、時系列には沿っていない。カウントウェイのタイプ

29　インタビュー原稿は、その行く末に関するいくつかの書簡と共に、一九九三年まで公式には閲覧が制限されていた。一九九一年の復活祭の頃、これを調査することを認めてくれたウィリアム・マクガイアとプリンストン大学出版に感謝する。

30　一九八一年のヤッフェからウィリアム・マクガイア宛の手紙。BA.

原稿から削除された一節においてユングは、テキスト中の頻繁な繰り返しは彼の思考の循環的な様式の一側面を示していると述べている。彼はその方法を、逍遥学派の新しい様式として表現した。[31] このことは、少なくとも語りの構造の点から言えば、ユングの自己理解にとってむしろ中心的であるような何かがカットされるようになってしまったことを示唆している。

公刊版では、ユングの人生に登場する人々に関する言及が少ないことから、ある人はこれを彼の個性化や自己実現の特徴として受け取り、またある人は世界からの半ば自閉症的な引きこもり、あるいは極度のナルシシズムの症状として受け取っている。しかしながら、インタビューのタイプ原稿にはアドルフ・ヒットラー、ビリー・グラハム（Billy Graham）、オイゲン・ブロイラー、そしてザビーナ・シュピールラインなど多岐にわたる人物について多くのくだりが存在し、さらにユングの妹とゲーテの妹の不思議で暗示的な類似性に関する長い節もある。まずは一例として、そうした削除の一つを取り上げることにしたい。

ユングの生涯にわたるトニー・ヴォルフとの不倫関係について、これまで多くの者が固唾を呑んで待ち構えていた。そしてそう、インタビュー原稿にはまさにこの情事に関する資料が含まれているのである。ローレンス・ヴァン・デル・ポスト（Laurens van der Post）はこの削除を次のように正当化している。

31 Countway ms., p. 1.

彼女〔Toni Wolff〕はユングの『思い出…』では言及されていないが、その削除については妥当と理解すべきである。なぜならこの本は、ただエッセンスに関する記録であるからだ。ユング自身の個人的な関係は故意に含まれていないのである。[32]

ヴァン・デル・ポストは、ユングの人生において彼女が果たした役割について以下のような説明を与えている。

彼女は自分自身の経験や変容から、ユングが引き受けているものを理解することのできる唯一の人物であった。彼が男性として足を踏み入れていたこの無意識の世界は、彼女がすでに女性として耐えてきたものだったのである。ユングの導きのおかげで、彼女はより大きく再統合された人格を再び現した。[33]

この観点から見れば、彼女はユングの神話において、ダンテの『新生（*Vita Nuova*）』におけるベアトリーチェの役割を演じていることになる。ユングはヤッフェからのインタビューの原稿において、分析のはじめ頃、トニー・ヴォルフは途方もなく野性的で宇宙的なファンタジーを持っていたが、彼が自分自身のものにあまりに心奪われていたために、彼女のものを扱うことができなかったと述べている。

彼は以下のように語る。彼はトニー・ヴォルフの分析が終わってから、彼女との関

32　van der Post, 1976, p. 172.
33　*Ibid.*, p. 176.

係をどうすべきかという問題に直面した。彼女にのめり込んでいると感じたにもかかわらず、分析を終わらせたのである。その一年後にユングは、二人が共にアルプスの谷の岩場におり、彼が山中から妖精の歌声を聴くと、その中に彼女が消えて行ってしまうという夢を見る。彼は恐れおののいた。この夢の後、彼は再び彼女と接触する。それが避けられないものであることを知っており、また自分の命が危険にさらされているのを感じていたためである。その後のある折、彼は泳いでいる最中にこむら返りを起こして、もしも痙攣が治まって生き延びることができたなら、その関係に身を委ねようと心に誓った――それから、その関係を始めたのである。彼は、彼女を自分の経験に巻き込んでしまったが、それは恐ろしく、ぞっとするようなことであり、また彼女はそれに引き寄せられて、ユングと同じくらい無力であったと述べている。彼が彼女の中心になり、彼の洞察を通して彼女は自らの中心を見つけたというのである。しかしながら、彼女は彼がこの役を演じることをあまりにも必要としていたので、彼が自分自身のままではいられなくなってしまった。こうして、彼女は道に迷ってしまった。彼は、あたかも自分が引き裂かれてしまい、まとまりをつけるためにしばしば机にしがみついていなければならないかのように感じていたという。

この例ではおそらく、節度という点で削除することも理解できるであろうが、次の削除に関しては決してそうとは言えない。この背景を伝えるために、公刊版とカウントゥウェイ原稿の決定的な差異についていくつか述べておくことにしよう。『思い出…』

において、個人の名を冠した唯一の章がフロイトについてのものであったことが、フロイトと神がユングの人生における二人の最重要人物であったという印象を与え、この二人のうちのどちらが上に来るのかが注釈者たちの間での議論になった。アメリカとイギリスの版では、ドイツ語版にあるテオドール・フルールノワとハインリッヒ・ツィンマーについての付録が存在していないから、この印象がさらに強められている。[34]このことが、ユングのフロイト中心的な読解を強めることになった。それが、現在に至るまで、ユングや分析心理学の発展が理解される際の主要な様式となってきたのである。

「カウントウェイ原稿」は、これと根本的に異なる構成を呈している。この版では語りの構造にかなり手が加えられており、章構成が他と異なっているのである。フロイトの章に続く箇所には、見出しに「思い出。フルールノワ―ジェイムズ―カイザーリング―クライトン＝ミラー―ツィンマー」とある。その後、この見出しは手書きの線で消され、「テオドール・フルールノワとウィリアム・ジェイムズ」に書き換えられている。[35]これら配置の変化の仕方一つをとっても、『思い出…』の並び方がいかに偶発的なものかがわかる。この並びにおいてはさらに、フロイトの箇所に続いてフルールノワとジェイムズへの献辞が直接続いている。

『思い出…』におけるフロイトの章で、ユングはフロイトが深刻な神経症に苦しんでいたと診断し、また彼の後継者たちは創始者の神経症の意味を捉えていないと主張し

34　フルールノワに対するユングの献辞は、Flournoy, *From India to the Planet Mars: A Case of Multiple Personality with Imaginary Languages*, ed. Sonu Shamdasani, 1994 に英語で収録されている。またフルールノワおよびツィンマーへのユングの献辞は、『思い出…』のフランス語版にも収録されている。

35　Countway ms., p. 197.

ている。ユングにとっては、フロイト心理学による普遍性の主張はフロイト自身の神経症のために説得力を失っていた。すぐ次に続く章では、ユングの英雄的な「無意識との対決」と元型の発見、そして自分自身の神話を見出すという「現代人が自分の魂を見つける」方法が描写されている。『思い出…』はフロイト心理学の足枷から自由になった後の、ユングの英雄的な下降と自己生成の神話を促進する（ユングは唯一反例を持つのみで、先駆者もいなければ従うべき前例もなく、捨て子の心理学を確立したことになるのである）。

これに対し、カウントウェイのタイプ原稿はきわめて異なる版になっている。フロイトの章の直後に続くフルールノワとジェイムズの箇所では、フロイトがそれを作るのに失敗したとユングの主張する非‐神経症的心理学をいかに確立しうるかという問いが、フロイト以前にすでにフルールノワとジェイムズによって肯定的に答えられていたかのようにされる。さらにユングは、いかなる亀裂も必要としない肯定的な指導関係を描いている。彼らがフロイト批判を固める際の助けとなり、フロイト以後の心理学を系統立てて述べる際の方法論的な前提条件を提供したという意義をユングは認めているのである。[36]

ジェイムズの章において、ユングは二人の出会いについて説明し、ジェイムズに対する学問上の恩義を詳細に描き出そうと試みている。ユングは一九〇九年にジェイムズと面会し、またその翌年に彼を訪問したときのことを語り、ジェイムズが今まで出

36　ウィリアム・ジェイムズとユングの関係については、Taylor, 1980 を参照のこと。フロイト中心的なユング読解を批判する補足的なものとしては、Taylor, 1991 を参照。

会ったなかで最も傑出した人物のうちの一人であると述べる。ユングはジェイムズのことを、貴族的で紳士然としながら、気取りなく魅力に満ちた人物であると感じた。ジェイムズは見下ろすことなくユングに語りかけ、二人は素晴らしい信頼関係にあると思われた。ユングは、自分が気楽に話すことができるのはフルールノワとジェイムズだけであると感じており、ジェイムズの思い出を崇敬し、彼が手本であると思った。フルールノワとジェイムズはいずれもユングの疑いや困難を受容し、手助けしてくれたように思われたが、そのような人物に彼は二度と出会えなかったのである。ユングは、ジェイムズの開かれた態度と展望を高く評価していた。それはとりわけ彼の心霊研究に顕著であった。二人はこれを詳細に議論し、また同様にジェイムズのおこなった霊媒パイパー夫人との降霊術の会についても話し合った。ユングは、無意識の心理学に接近する手段として、心霊研究の有力な意義を見ていたのである。またユングは、彼がジェイムズの宗教心理学に関する仕事にも大きな影響を受けたと述べている。これもまたユングにとっての手本となり、そのなかでも特に、物事を理論的なバイアスに押し込めることなく、あるがままに受け入れ許容しようとするジェイムズの方法が規範になったという。

これら二つの削除は、ユングの人生における何人かの決定的な人物の大幅な抹消に関わっているものである。第三の削除は細部に関するものではあるが、ユングの思想の成立について理解するという意味で重要であることは、おそらく言うまでもないだろう。『思い出…』の中で多くの注目を集めてきた一節で、ユングはある女性患者の声が内側から話しかけてくるのが聞こえたという体験を描写している。その声とはユングに彼の活動がまさに芸術であると知らせるものであり、よく知られているように、彼はそれをアニマの声と名づけた。アルド・カロテヌート（Aldo Carotenuto）の『秘密のシンメトリー（*A Secret Symmetry*）』の出版後、この患者はザビーナ・シュピールラインにほかならないと一般に推定されてきた。

これに関する最も広範な議論は、ジョン・カー（John Kerr）の『一番危険な方法（*A Most Dangerous Method*）』でなされている。そこでは、ユングに最も重要な知的かつ感情的な影響を与えたのはフロイトとシュピールラインだったということが、重要な論点となっている。カーは次のように述べる。「ユングの著作の中で『アニマ』に対して初めて言及されるのは、一九二〇年の大著『心理学的タイプ（*Psychological Types*）』である」[37]。（ただし、全集の編集者たちがすでにはるか以前に指摘していることによれば、ユングは一九一六年の「無意識の構造（The structure of the unconscious）」[38]ですでにアニマについて扱っており、また『心理学的タイプ』が出版されたのは実際には一九二一年のことである）。カーは、ユングがシュピールラインをアニマの名のもとに「不滅のものにした」と主張し、ユングが与えている二つの手がかり――彼女と文通していたこと、そして一九一八～一九年の間に関係が終わっていることから、その女性がシュピールラインと特定されると論じている。ところがインタビュー原稿において、

37 Kerr, 1993, p. 503. 一九九二年にはベルナルド・ミンダー（Bernard Minder）の“Sabina Spielrein: Jung's Patientin am Burghoelzli”（Minder, 1992）によって公にされていたという事実にもかかわらず、カーがシュピールラインの事例に頼らなかったのは不思議である。この点に筆者の注意を促し、コピーを提供してくれたハンス・イスラエル（Hans Israël）に感謝する。言うまでもないことだが、この資料はブロイラーとユング、そしてシュピールラインの家族の間で交わされた手紙をミンダーが回収したのをまとめたものであり、ユング－シュピールラインの関係の再評価を完全におこなうことを可能にするものである。ミンダーの回収した、一九〇五年にユングがフロイトに宛てたシュピールラインに関する手紙の下書き（Minder, 1993）は、ピーター・スウェールズ（Peter Swales）が“What Jung Didn't Say”（Swales, 1992）において再現したものを確証している。

38 Jung, *CW* 7, §503, n.21.

ユングは実際にシュピールラインの名を出して話しているものの、彼女がロシアに行ってからは連絡が途絶えたと単に仄めかしているだけである。カーは次のように主張する。「おそらく最大の手がかり……は科学 対 芸術に関する議論である」[39]。しかし、このシュピールラインを特定する最後の手がかりを示す際、カーは何の文献にも基づかずに、声が実際に「それは科学ではありません。それは詩です」と言ったと述べている[40]。その声がシュピールラインのものだとするカーの仮説は、歴史的記録を自らの主張を支持するよう「修正する」ことにつながり、議論の循環を招いているのである。カーはまた、ボーリンゲンでユングが石に彫りつけた玉を転がす熊がシュピールラインを表していると主張し、「ユングの『アニマ』『従わなければならない彼女』は、フロイト派として生涯を終えた」と結論づけている[41]。こうして、彼は自らの考えるユング心理学の成立のフロイト中心的な読解を実証してみせるのである。しかし、その石の彫刻はシュピールラインを表しているのではないと断言できる根拠が存在する。「フランツ〔・ユング〕」は、しばしば議論されているボーリンゲンの彫刻の『玉を転がし始める』熊は実際にはエンマ〔・ユング〕であると述べている」とロジャー・ペイン（Roger Payne）が記しているのである[42]。

インタビュー原稿において、ユングは短いながら細部を明らかにして――問題の女性がオランダ人であるという話を付け加えている。当時のユングの交友関係のなかにいたオランダ人女性はただ一人、マリア・モルツァーであった[43]。彼女とユングの関係

39　Kerr, 1993, p. 506.
40　*Ibid.*, p. 507.
41　*Ibid.*
42　Payne, 1993, p. 137.
43　ウィリアム・マクガイアは、モルツァーに関して次のような伝記的情報を提供している。「マリーあるいはマリア・モルツァー（一八七四〜一九四四）は、オランダの酒造業者の娘として生まれ、アルコール中毒と戦う看護師になった。ユングに精神分析の訓練を受け、一九一三年以降も分析心理学者として歩んだ」。McGuire, 1974, pp. 351-352. ユングの助手としてのモルツァーの役割については、Taylor, 1985 を参照。

の親密さは、フロイトによって証言されている。一九一二年一二月二三日、フロイトは一二月一八日付のユングの手紙を受けて、フェレンツィに手紙を書いている。ユングはその中で、自らが分析を受けてみたところ、フロイトとは違って神経症ではなかったと主張していたのである。[44] それに対しフロイトは次のように書いた。「彼を分析した先生というのはモルツァー嬢しかありえないでしょう。自分と関係を持った女性の仕事を誇るなど、彼はあまりに愚かです」[45]。このフロイトの主張は、ヨランデ・ヤコービによって裏づけられている。彼女はインタビューで次のように述べている。「彼がトニー・ヴォルフに出会う前の時代について他の人から聞いたのですが、彼はブルクヘルツリで、ある若い女性と恋愛関係にあったそうです――名前ですか？　モルツァーです」[46]。一九一八年八月一日の未公刊の手紙で、モルツァーは自分の患者だったファニー・ボウディッチ・カッツ（Fanny Bowditch Katz）に宛てて以下のように書いている。

ええ、私はクラブを辞職しました。あの雰囲気の中でやっていくことはもうできなかったでしょうから。そうしてよかったと思っています。やがてクラブが本当にひとかどのものになったときは、クラブはきっと私の貢献に感謝するでしょう。私の辞職はそれに静かな影響力を持っているのです。静かなというのは、それが分析の運動全体の発展のためにしていることが公然と認められたり、正当に評価

44　McGuire., p. 535.
45　Falzeder, Brabant, and Giampieri-Deutsch, 1993, p. 446.
46　Interview with Gene Nameche, Jung Oral History Archive, box 3, p. 110, CLM.

されたりすることがないという私の道程にふさわしいものですから。私は常に、暗く孤独な中で働いています。これが私の運命であり、期待されていることに違いないのです。[47]

後にユングは彼女への謝意を『心理学的タイプ』の脚注の中に忍ばせて記している。彼は次のように述べている。「このタイプ〔直観型〕の存在を発見した功績は、M・モルツァー嬢のものである」[48]。ユングは自分自身がこのタイプであるとしながら、この発言をしているのは何かを物語っている。以上をまとめれば、声がモルツァーのものであったとする場合のほうがシュピールラインのものとするより有力であると主張することができるだろう。

ある特定の例の削除が誰の手によるものであったかは、今となっては明らかでない[49]。しかしヤッフェが我々に信じるよう仕向けているように、もしユングが変更を認めていたのであれば、こうした問題はさほど重要なものではないことになるかもしれない。ここでテキストに対するユングの態度を決定的に明らかにするのが、リチャード・ハルによるある未公刊のメモである。このメモは、「R・F・C・ハルの目から見た、ユング自伝の出版に先行する出来事の記録（A record of Events preceding Publication of Jung's Autobiography, as seen by R. F. C. Hull）」と題されている。ハルは、一九六〇年二月、ユングが月末に会いたがっているとヤッフェに知らされたと語る。ハルは以下のように書

47　一九一八年八月一日付のマリア・モルツァーからファニー・ボウディッチ・カッツ宛の手紙。CLM. 引用の許可を得ている。

48　Jung, *CW* 6, §773, n.68.

49　この問題は、アラン・エルムスによる優れた著作 "The Auntification of Jung"（Elms, 1994）において探究されており、ここでの議論を補完するものである。

いている。

老人が現れた。……彼は話をしたがり、一時間以上の間、自伝についてしっかりと語った。私は、自伝の「真正性」をめぐって何らかの論争があるのだと推測した。(このとき私は本文をまったく見ていない)彼は、自分が言いたかったことを独自の――「時には少々ぶっきらぼうで乱暴な」――言い方で述べてきたし、自分の著作を *tantifziert*(ジャックのうまい言い回しで言えば、「おばさん化」あるいは「オールドミス化」)されたくなかったということを非常に強調しつつ語っていたのが印象的であった。「テキストを手に入れたら、私の意味していることがわかるだろう」と彼は言った。彼がアメリカの出版業者の間で「ゴーストライター」が行われていることについて詳しく話したとき、私は「オールドミス化」がクルトによってなされているのだろうと推測した。そこで直ちに私はユングに、クルトから本文を受け取ったらそれを「脱オールドミス化」する権限が私にあるかどうか尋ねた。「その場合は」とユングは彼自身を指差しながら言った、「大物の出番だろうね」。私はすべてがかなり混乱していると感じた。というのもクルトは以前、特に最初の三章では、高度に個人的な調子と並外れた率直さにまさにインパクトがあり、それは何としても残すべきだ、と言っていたからである。[50]

50 Hull, "A record of events", pp. 1-2, BA.

ハルはその後テキストに目を通し、翻訳の改訂を始めた。彼は次のように詳細に語っている。

その変更点がどれも一様に、ユングの書いた元のテキストをトーンダウンさせ、「オールドミス化」していることがすぐに明らかになった。いくつかの消去された節はそれに続く語りを正しく理解するためにきわめて重要であるように思われたので、私はウィンストン版（Winston's version）からそれらを復元した。それとともにユングの家族に関するいくつかの重要な言及と、また「糞」という言葉が非常に劇的に使われているのも含め、スイスの中産階級を除けば誰にもショックを与えないであろういくつかの発言も復元した。「おばさん」はロカルノのホテル・エスプラナーデではなく、キュスナハトの家のもっと近くに見つかるのではないか、そしてそれはアニエラ・ヤッフェなのではないかと、うすうす感づいていたのである。[51]

ユングという「大物」は、行動を起こす前に亡くなってしまったかに見える。彼の死後、ハルはこの問題をヤッフェとの間で直接取り上げている。提案されている削除に関して、彼は次のように書いている。

51　*Ibid.*, p. 2.

私は削除のことを――そして、私は言葉をとても注意深く選びます――検閲だと思うのです。ユングならそれを軽蔑し、ひどく嫌ったことでしょう。……あなたは、もはや客観的ではいられないと四度もおっしゃいました。親愛なるヤッフェ婦人、このようなきわめて重要な事態ですから、あなたの義務は客観性を取り戻してくださることです。ユングが自らの人生の証言の最終版に対する責任を預けたのは、他の誰でもなく、あなたの両手なのです。……もしパンテオンが削除版を刊行することを強いられてしまえば、この爆発的な証拠はすべて使われないままになるとお考えになっているでしょうか。……ある支配的な考えに比べれば、私のすべての議論は見劣りがし、委縮してしまうほどです。つまり、あの老人がなぜわざわざ私に会いに来る労を取り、本についてあんなに熱心に語ったのか、そして彼がなぜそれをあなたの手に託したのか、ということです。この答えはあなたに見つけていただかなければなりません。[52]

しかしながら、ハル自身は自分がどれだけテキストを「脱おばさん化」するつもりがあるのかについて語っていない。ユングはある箇所で、自分の母親をヒステリー的であると診断しているが、その部分は削除されている。ジェラルド・グロスへの手紙の中で、ハルは以下のように書いている。

52　一九六一年九月九日付のリチャード・ハルからヤッフェ宛の手紙。BA.

アニエラはニーフス夫人がその削除を要求するだろうと書いています。これがアニエラの最終承認のためにN夫人が出した条件であり……「ヒステリー的」という言葉のために戦うことで彼女を敵に回すのは間違いであろうと感じているというのです。率直に申し上げて、これからの仕事のこともありますし、そのために彼女との関係を危うくすることには私も気が進みません。ですから、歩み寄って「神経質な」としてはどうかと提案したところ、アニエラは喜んでそれを受け入れてくれました。同時に私はもう一度、家族によるこの小さな検閲の箇所は、最後にはきっと明るみに出ることになるだろうと指摘しました……[53]

こうした変更が意味するところは、ユングが実際に書いた『思い出…』のいくつかの節の草稿に彼らが関わっていたということである――そしてこれが心理学的伝記という果てしない潮流の基礎となってきたのである。

最後の問題は、この本がユングの自伝として広告されたことについてである。ハルはこの問題の重要性を次のように強調している。

……「C・G・ユングの自伝」として宣伝した本と、アニエラ・ヤッフェ（というあまり聞いたことのない人物）が編集したユングの回想録として宣伝した本との間には、天と地ほどの違いがある。一方は自動的にベストセラーとなるが、他

53　リチャード・ハルからジェラルド・グロス宛の手紙。BA.

方はそうはならない。[54]

当然予想されるように、ユングの英語の著作の出版社であるルートリッジはこの本を出版することを明らかに求めていた。一九五九年一二月一八日の手紙で、セシル・フランクリンはユングに以下のように書いている。

この本の来歴は、アニエラ・ヤッフェがあなたの密接な手助けのもとに書く作品として開始されたものの、進めていくうちにはるかにそれを超えて、事実上あなたの自伝になるまでになった、ということであると私は思っています……一九四七年に交わした我々の契約を見てみますと、これが本当にあなたの自伝ということになれば……出版権は我々のもとにあることになります……ここで、あなたのより厳密な意味での学術書しか出さない出版社と思われるとなれば、我々としては大変困ったことになるでしょうし、また我々の評判を損ないかねません……。[55]

ところが、ユングは決してこの本を彼の伝記と見なしていたわけではなかった。一九六〇年四月五日、ユングは義理の息子であり著作権管理者となったヴァルター・ニーフスーユングに手紙を書いている。

54 Hull, "A record of events", p. 4, BA.
55 一九五九年二月一八日付のセシル・フランクリンからユング宛の手紙。BA.

私のいわゆる「自伝」のために君が骨を折ってくれたことには感謝していますが、この本は私が引き受けたものではなく、明らかにA・ヤッフェ夫人が書いてきた本だと思っているということを、あらためて確認しておきたいと思います……本は、私ではなくて彼女の名前で出版されるべきです。私自身が構成した自伝にはなっていないのですから。[56]

一九六〇年五月二五日、ハーバート・リードがジョン・バレット（John Barrett）にこの本について手紙を書いている。

今のところ、次のようなタイトルがつくのではないかと思われます。

アニエラ・ヤッフェ
「回想・夢・思想」
C・G・ユングによる寄稿とともに[57]

以上のような交渉の末、『ユング全集』の編集委員会の決議案が作成され、ボーリンゲン財団とルートリッジ・アンド・ケーガン・ポール社との独占契約外でこの本を出版することが許可されることになった。それは次のような陳述を含んでいる。

56　一九六〇年四月五日付のユングからヴァルター・ニーフス－ユング宛の手紙。Adler, 1975, p. 550. 筆者による改訳。

57　一九六〇年五月二五日付のハーバート・リードからジョン・バレット宛の手紙。BA.

C・G・ユングは、この本を彼自身の企画ではなく、明らかにヤッフェ夫人によって書かれた本であると見なすという態度を常に保ってきた。C・G・ユングの書いた章は、ヤッフェ夫人の作品への寄稿と見なされることになっていた。また本書は、C・G・ユングの名でなく、ヤッフェ夫人の名で出版されることになっていた。なぜならそれは、C・G・ユングによって構成された自伝にはなっていなかったからである（一九六〇年四月五日付のC・G・ユングからヴァルター・ニーフス宛の手紙）。

八月二六日に、C・G・ユング教授、ジョン・バレット氏、ヴォーン・ギルモア嬢、ハーバート・リード卿、そしてW・ニーフス－ユング夫妻とアニエラ・ヤッフェ夫人との間で開かれた会議において、C・G・ユングは再度、厳密に言えばこの本はA・ヤッフェ夫人の引き受けた仕事であり、彼はそこに寄稿しただけだと考えていると確認した……編集委員会は、これにより正式に、A・ヤッフェ夫人の本を『全集』に加えようとするような執行分科委員会のいかなる判定も認めないことを決定する。[58]

以上からわかるように、ユングの自伝ではなく、むしろアニエラ・ヤッフェによるユングの伝記として出すことが、本を発表する上での契約上の必須条件であったようである。一九六〇年七月、クルト・ヴォルフがパンテオンを辞職し、パンテオンは後

58 "Resolution of the Editorial Committee for 'The Collected Works' of Prof. C. G. Jung", Bollingen Archive, Library of Congress. 一九六〇年一一月二九日にユングが、一九六〇年一二月一三日にジョン・バレットが署名している。

59 "Die Autobiographie von C. G. Jung", *Die Weltwoche*. 一九六二年八月三一日。ドイツ語版のタイトルは、英語版とは違い、次のようなものである。Erinnerungen, Träume, Gedanken von C. G. Jung, aufgezeichnet und herausgegeben von〔記録・編集〕Aniela Jaffé (Olten: Walter Verlag, 1988). 他に英語版では消失しているがドイツ語版には存在する項目は、ユングによる「若い学生」への手紙、

にランダムハウスに買収される。そして一九六一年六月六日にユングが亡くなった。翌年には、『思い出…』からの抜粋が『ヴェルトヴォッヘ』誌と『アトランティック・マンスリー』誌の誌面に載る。『ヴェルトヴォッヘ』誌の最初の抜粋の題名は、単に「C・G・ユングの自伝」とあった。また本自体は一九六二年に英語とドイツ語で出版されている。フランス語版は一九六六年に出版され、そこには「わが人生――思い出、夢、思想」という題がつけられた[59]。

実は類まれなる伝記であったものが、誤って自伝として読まれてきたわけである。不幸なことに、人がユングの「個人的方程式」の告白の意味を把握しようとするとき、それがとるべき形や、彼の思い出や夢のどこを削除すべきかを決定することに努力が向けられていることがある――ユングを自分の好むようにあつらえ、自らの「個人的神話」の担い手へと仕立て上げるのである。今こそ、「脱おばさん化」する時ではないだろうか。

『赤の書』へのユングの後書き、そしてアニエラ・ヤッフェによる「C・G・ユングの家族についての詳細」であった。このうち最後の項目は、一九八四年の『スプリング』誌において英語で出版された（*Spring*, 1984）。ドイツ語版と英語版の間にはたくさんの不一致があり、とりわけ前者のうちの多くの箇所が後者からは消失している。このうちのいくつかは、決してすべてではないものの、村本詔司によって英語で出版されている（Muramoto, 1987）。しかしながら、テキストが編纂されながら英訳されたものが出てきたとしても、そのどちらか一方を元の版と見なすということは不可能である。また、フランス語版は次のようなものである。Ma vie. Souvenirs, rêves et pensées, recueillis et publiés par〔記録・編集〕Aniela Jaffé（Paris: Gallimard, 1966), traduit par〔翻訳〕Roland Cahen et Yves Le Lay. クルト・ヴォルフについての詳細は、McGuire, 1982, pp. 273-274. による。筆者の注意をここに呼び戻してくれたチャールズ・ボーア（Charles Boer）に感謝する。

Taylor, E.（1996）. The New Jung Scholarship. *The Psychoanalytic Review,* 83: 547-568.

Van der Post, L.（1976）. *Jung and the Story of Our Time.* London: Penguin.

Vidal, F.（1994）. *Piaget before Piaget.* Cambridge, MA: Harvard University Press.

Vidal, F.（2001）. Sabina Spielrein, Jean Piaget——Going their Own Ways. *Journal of Analytical Psychology,* 46（1）: 139-154.

Von Franz, M.-L.（1975）. *C. G. Jung: His Myth in our Time.* W. Kennedy（Trans.）. New York: C. G. Jung Foundation. フォン・フランツ（高橋巌訳）『ユング——現代の神話』紀伊國屋書店、1978

Wagner, S.（1992）. Remembering Jung: Through the Eyes of Aniela Jaffé. *Psychological Perspectives,* 26.

Wehr, G.（1972）. *C. G. Jung und Rudolf Steiner.* Stuttgart: Klett. ヴェーア（石井良・深澤英隆訳）『ユングとシュタイナー——対置と共観』人智学出版社、1982

Wehr, G.（1975）. *C. G. Jung und das Christentum.* Olten: Walter Verlag.

Wehr, G.（1985）[1988]. *Jung: A Biography.* Boston: Shambala. ヴェーア（村本詔司訳）『ユング伝』創元社、1994

Wehr, G.（1989）. *An Illustrated Biography of Jung.* M. Kohn（Trans.）. Boston: Shambala, 1989. ヴェーア（安田一郎訳）『C・G・ユング——記録でたどる人と思想』青土社、1996

West, M.（1983）. *The World is Made of Glass.* London: Coronet.

Wilson, C.（1983）[1984]. *C. G. Jung: Lord of the Underworld.* Welling-borough: Aquarian Press. ウィルソン（安田一郎訳）『ユング——地下の大王』河出書房新社、1985

Wolff, K.（1991）. On Luring Away Authors, or How Authors and Publishers Part Company. In: M. Ermarth（Ed.）, *Kurt Wolff: A Portrait in Essays and Letters.* Chicago: University of Chicago Press.

Wolff, T.（1946）[1990]. A Few Words on the Psychological Club Zürich since 1939. *Harvest: Journal for Jungian Studies,* 36: 113-120.

Wolff, T.（1959）[1981]. *Studien zu C. G. Jungs Psychologie.* Einsiedeln: Daimon.

Wundt, W.（1921）. *Erlebtes und Erkanntes.* Stuttgart: A. Kröner. ヴント（川村宣元・石田幸平訳）『体験と認識——ヴィルヘルム・ヴント自伝』東北大学出版会、2002

Zander,L.（1957）. Vorwort der Herausgeber. In: C.G. Jung, *Gesammelte Werke* 16. Olten: Walter Verlag.

Rolfe, E. (1959). *The Intelligent Agnostic's Guide to Christianity.* London: Skeffington.

Rolfe, E. (1989). *Encounter with Jung.* Boston: Sigo Press.

Rowland, S. (1999). *C. G. Jung and Literary Theory: The Challenge from Fiction.* London: Macmillan.

Rowland, S. (2002). *Jung: A Feminist Revision.* Oxford: Polity.

Shamdasani, S. (1990). A Woman Called Frank. *Spring: A Journal of Archetype and Culture,* 50: 26-56.

Shamdasani, S. (1994). Reading Jung Backwards? The Correspondence of Michael Fordham and Richard Hull concerning "The Type Problem in Poetry" in Jung's "Psychological Types". *Spring: A Journal of Archetype and Culture,* 55: 100-127.

Shamdasani, S. (1995). Memories, Dreams, Omissions. *Spring: A Journal of Archetype and Culture,* 57: 115-137. 本書 189 ～ 221 頁

Shamdasani, S. (1998a). *Cult Fictions: C. G. Jung and the Founding of Analytical Psychology.* London: Routledge.

Shamdasani, S. (1998b). The Lost Contributions of Maria Moltzer to Analytical Psychology: Two Unknown Papers. *Spring: A Journal of Archetype and Culture,* 64:103-120.

Shamdasani, S. (2000). Misunderstanding Jung: the Afterlife of Legends. *Journal of Analytical Psychology,* 45: 459-472.

Shamdasani, S. (2001). "The Magical Method that Works in the Dark": C. G. Jung, Hypnosis and Suggestion. *Journal of Jungian Practice and Theory,* 3: 5-18.

Shamdasani, S. (2003). *Jung and the Making of Modern Psychology: The Dream of a Science.* Cambridge: Cambridge University Press.

Shortland, M. & Yeo, R. (Eds.)(1996). *Telling Lives in Science: Essays on Scientific Biography.* Cambridge: Cambridge University Press.

Smith, R. C. (1997). *The Wounded Jung: Effects of Jung's Relationships on his Life and Work.* Evanston: Northwestern University Press.

Stekel, W. (1950). *The Autobiography of Wilhelm Stekel: The Life Story of a Pioneer Psychoanalyst.* E. Gutheil (Ed.). New York: Liveright.

Stern, P. (1976). *C. G. Jung: The Haunted Prophet.* New York: George Braziller.

Stevens, A. (1990)[1999]. *On Jung.* Princeton: Princeton University Press. スティーヴンズ（佐山菫子訳）『ユング――その生涯と心理学』新曜社、1993

Storr, A. (1997). *Feet of Clay: A Study of Gurus.* London: Fontana.

Sulloway, F. (1979). *Freud, Biologist of the Mind.* New York: Basic Books.

Swales, P. (1992). What Jung Didn't Say. *Harvest: Journal for Jungian Studies,* 38.

Taylor, E. (1980). William James and C. G. Jung. *Spring: A Journal for Archetypal Psychology and Jungian Thought,* 157-169.

Taylor, E. (1985). C.G. Jung and the Boston Psychopathologists, 1902-12. *Voices,* 21.

Taylor, E. (1991). Jung in His Intellectual Setting; The Swedenborgian Connection. *Studia Swedenborgiana,* 7.

Typology. D. Roscoe (Trans.). Einsiedeln: Daimon.

Meier, C. A. (1984). *The Psychology of C. G. Jung, Volume 1: The Unconscious in its Empirical Manifestations.* D. Roscoe (Trans.). Boston: Sigo Press. マイアー（河合俊雄・森谷寛之訳）『無意識の現れ—ユングの言語連想検査にふれて』ユング心理学概説 1、創元社、1996

Meier, C. A. (1989). *The Psychology of Jung, Volume 3: Consciousness.* D. Roscoe (Trans.). Boston: Sigo Press. マイアー（氏原寛訳）『意識——ユング心理学における意識形成』ユング心理学概説 3、創元社、1996

Minder, B. (1992). Sabina Spielrein: Jung's Patientin am Burghoelzli. Ph.D.dissertation, University of Bern.

Minder,B. (1993). Jung an Freud 1905: Ein Bericht über Sabina Spielrein. *Gesnarus*, 50.

Muramoto, S. (1987). Completing the Memoirs: the Passages Omitted or Transposed in the English and Japanese Versions of Jung's Autobiography. *Spring: An Annual of Archetypal Psychology and Jungian Thought,* 163-172.

Murchison, C. (1930a) [1960]. *A History of Psychology in Autobiography,* 3 volumes. New York: Russell & Russell. マルチソン（佐藤幸治・安宅孝治編）『現代心理学の系譜——その人と学説と』岩崎学術出版社、1975

Murchison, C. (Ed.) (1930b). *Psychologies of 1930.* Worcester, MA: Clark University Press.

Nietzsche, F. (1887) [1969]. *On the Genealogy of Morals.* W. Kaufmann (Trans.). New York: Vintage. ニーチェ（木場深定訳）『道徳の系譜』岩波文庫、1940

Noll, R. (1994). *The Jung Cult: The Origins of a Charismatic Movement.* Princeton: Princeton University Press. ノル（月森左知・高田有現訳）『ユング・カルト——カリスマ的運動の起源』新評論、1998

Noll, R. (1997). *The Aryan Christ: The Secret Life of Carl Jung.* New York: Random House. ノル（老松克博訳）『ユングという名の「神」—秘められた生と教義』新曜社、1999

Oeri, A. (1935). Ein paar Jugenderinnerungen. In: Psychologische Club (Ed.), *Die Kulturelle Bedeutung der Komplexen Psychologie,* 524-528. Berlin: Springer.

Payne,R. (1993). A Visit to 228 Seestrasse. *Harvest: Journal for Jungian Studies*, 39.

Paskauskas, A. (Ed.) (1993). *The Complete Correspondence of Sigmund Freud and Ernest Jones 1908-1939.* Cambridge, MA: Harvard University Press.

Philp, H. L. (1959). *Jung and the Problem of Evil.* New York: R. M. Bride.

Raine, K. (1963). A Sent Man. *The Listener*, 22nd August, 1963.

Ribi, A. (1999). *Die Suche nach den eigenen Wurzeln: Die Bedeutung von Gnosis, Hermetik und Alchemie für C. G. Jung und Marie-Louise von Franz und deren Einfluss auf das moderne Verständnis dieser Disziplin.* Bern: Peter Lang.

Roazen, P. (1974). *Freud and His Followers.* New York: Knopf. ローゼン（岸田秀・高橋健次・富田達彦訳）『フロイトと後継者たち』上・下、誠信書房、1987-88

Robinson, F. (1992). *Love's Story Told: A Life of Henry A. Murray.* Cambridge, MA: Harvard University Press.

道義・磯上恵子訳）『転移の心理学』新装版、みすず書房、2000
——— (1947)［1960-69］.On the Nature of the Psyche. *CW* 8: §§343-442. ユング（林道義・磯上恵子訳）「心の本質についての理論的考察」(1)・(2)、『ユング研究』6・7 所収、名著刊行会、1993
——— (1948)［1976］. Address on the Occasion of the Founding of the C. G. Jung Institute, Zurich, 24 April 1948. *CW* 18: §§1129-1141.
——— (1952)［1956/67］. Symbols of Transformation: An Analysis of the Prelude to a Case of Schizophrenia. *CW* 5. ユング（野村美紀子訳）『変容の象徴——精神分裂病の前駆症状』上・下、ちくま学芸文庫、1992
——— (1952/55)［1960/69］. Syncronicity: an Acausal Connecting Principle. *CW* 8: §§816-968. ユング（河合隼雄・村上陽一郎訳）「共時性——非因果的連関の原理」、ユング・パウリ『自然現象と心の構造』所収、海鳴社、1976
——— (1958)［1976］. Jung and Religious Belief. *CW* 18: §§1584-1690.
Jung, C. G. /Jaffé, A. (1962)［1983］. *Memories, Dreams, Reflections.* London: Flamingo. ヤッフェ編（河合隼雄・藤縄昭・出井淑子訳）『ユング自伝——思い出・夢・思想』1・2、みすず書房、1972-73
Kaplan, J. (1994). A Culture of Biography. *The Yale Review,* 82（4）: 1-12.
Kerr, J. (1993). *A Most Dangerous Method: The Story of Jung, Freud and Sabina Spielrein*. New York: Knopf.
Kraepelin, E. (1987). *Memoirs.* H. Hippius, G. Peters & D. Ploog (Eds.) in collaboration with P. Hoff & A. Kreuter, C. Wooding-Deane (Trans.). Berlin: Springer-Verlag. クレペリン（影山任佐訳）『クレペリン回想録』日本評論社、2006
Krell, D. F. (1998). *Contagion: Sexuality, Disease, and Death in German Idealism and Romanticism.* Bloomington: Indiana University Press.
Lammers, A. (2004). 'Correctio fatuorum'. Re the Jung-White letters. *Journal of Analytical Psychology,* 49.
Lothane, Z. (1999). Tender Love and Transference: Unpublished Letters of C. G. Jung and Sabina Spielrein. *International Journal of Psychoanalysis,* 80（6）: 1189-1204.
Maillard, C. (1993). *Les Sept Sermons aux Morts de Carl Gustav Jung.* Nancy: Presses Universitaires de Nancy.
McGuire, W. (Ed.) (1974). *The Freud/Jung Letters.* R. Mannheim & R. F. C. Hull (Trans.). Princeton: Princeton University Press, Bollingen Series/London: Hogarth Press: Routledge & Kegan Paul. マクガイア（金森誠也訳）『フロイト＝ユンク往復書簡』上・下、講談社学術文庫、2007
McGuire, W. (1982). *Bollingen: An Adventure in Collecting the Past*. Princeton: Princeton University Press.
McLynn, F. (1996). *Carl Gustav Jung: A Biography.* London: Bantam.
Meier, C. A. (1977)［1995］. *Personality: The Individuation Process in the Light of C. G. Jung's*

Jung, C. G.（1939）. *The Integration of the Personality.* S. Dell（Trans.）. New York: Farrar & Rhinehart.

Jung, C. G.（2008）. *Children's Dreams: Notes from the Seminar Given in 1936-1940.* E. Falzeder（Trans.）. Princeton: Princeton University Press, Philemon Series. ユング（氏原寛他訳）『子どもの夢』I・II、ユング・コレクション 8・9、人文書院、1992

Jung, C. G.（2009）. *The Red Book : Liber Novus.* S.Shamdasani（Ed.）. New York : W.W. Norton. ユング（河合俊雄監訳）『赤の書』創元社、2010

Jung, C. G. *Collected Works.* Sir Herbert Read, Michael Fordham, Gerhard Adler & William McGuire（Eds.）, Richard Hull（Trans.）. London: Routledge/Princeton: Princeton University Press, Bollingen Series.

——（1909a）[1973].The Family Constellation. *CW* 2: §§999-1014. ユング（高尾浩幸訳）「家族の布置」『診断学的連想研究』ユング・コレクション 7、人文書院、1993

——（1909b）[1976]. Abstracts of the Psychological Works of Swiss Authors. *CW* 18: §§934-1025.

——（1913a）[1961]. The Theory of Psychoanalysis. *CW* 4: §§203-522.

——（1913b）[1961]. General Aspects of Psychoanalysis. *CW* 4: §§523-556. ユング（石川公訳）「精神分析の一般的諸問題」『ユング研究』3 所収、名著刊行会、1991

——（1916）[1953/66]. The Structure of the Unconscious. *CW* 7: §§442-521.

——（1921）[1971]. Psychological Types. *CW* 6. ユング（林道義訳）『タイプ論』みすず書房、1987

——（1929）[1961]. Freud and Jung: Contrasts. *CW* 4: §§768-784. ユング（磯上恵子訳）「フロイトとユングの対立」『ユング研究』3 所収、名著刊行会、1991

——（1932b）[1958/69]. Psychotherapists or the Clergy. *CW* 11: §§488-538. ユング（村本詔司訳）「心理療法と牧会の関係について」『心理学と宗教』ユング・コレクション 3、人文書院、1989

——（1934/54）[1959/68]. Archetypes of the Collective Unconscious. *CW* 9i: §§1-86. ユング（林道義訳）「集合的無意識の諸元型について」『元型論』紀伊國屋書店、1999

——（1936）[1958/69]. Yoga and the West. *CW* 11: §§859-876. ユング（松代洋一編訳）「ヨーガと西洋」『現在と未来——ユングの文明論』平凡社ライブラリー、1996

——（1938a）[1968]. Foreword to the Second German Edition. *CW* 13: pp.3-5.

——（1938b）[1968]. The Visions of Zosimos. *CW*13: §§85-144.

——（1943）[1968]. The Spirit Mercurius. *CW*13: §§239-303.

——（1944）[1953/1968]. Psychology and Alchemy. *CW*12. ユング（池田紘一・鎌田道生訳）『心理学と錬金術』 I ・ II、人文書院、1976

——（1945）[1968]. The Philosophical Tree. *CW*13: §§304-482. ユング（老松克博監訳）『哲学の木』創元社、2009

——（1946）[1957/1966]. The Psychology of Transference. *CW*16: §§353-539. ユング（林

Press. フロイト（福田覚訳）「精神分析運動の歴史のために」『フロイト全集』13、岩波書店、2010

Freud, S.（1925）. An Autobiographical Study. *S.E.* 20. London: Hogarth Press. フロイト（家高洋・三谷研爾訳）「みずからを語る」『フロイト全集』18、岩波書店、2007

Friedman, L. J.（1999）. *Identity's Architect: A Biography of Erik H. Erikson.* London: Free Association Books. フリードマン（やまだようこ・西平直監訳）『エリクソンの人生――アイデンティティの探求者』上・下、新曜社、2003

Graf-Nold, A.（2001）. The Zürich School of Psychiatry in Theory and Practice. Sabina Spielrein's Treatment at the Burghölzli Clinic in Zürich. *Journal of Analytical Psychology,* 46（1）: 73-104.

Hall, G. S.（1923）. *Life and Confessions of a Psychologist.* New York: D. Appleton & Co..

Hampton, C.（2002）. *The Talking Cure.* London: Faber.

Hannah, B.（1967）. Some Glimpses of the Individuation Process in Jung Himself. Zürich: mimeographed.

Hannah, B.（1976）. *C. G. Jung: His Life and Work. A Biographical Memoir.* New York: Perigree. ハナー（後藤佳珠・鳥山平三訳）『評伝ユング――その生涯と業績』1・2・3、人文書院、1987

Hauke, C.（2000）. *Jung and the Postmodern: The Interpretation of Realities.* London: Routledge.

Hayman, R.（1999）. *A Life of Jung.* London: Bloomsbury.

Heisig, J.（1979）. *Imago Dei: A Study of Jung's Psychology of Religion.* Lewisburg: Bucknell University Press. ハイジック（纐纈康兵・渡辺学訳）『ユングの宗教心理学――神の像をめぐって』春秋社、1985

Holt, D.（1999）. Translating Jung. *Harvest: Journal for Jungian Studies,* 45: 116-124.

Jaffé, A.（1984）. Details about C. G. Jung's Family. *Spring: An Annual of Archetypal Psychology and Jungian Thought.*

Jaffé, A.（1989）. *From the Life and Work of C. G. Jung*. Einsiedeln: Daimon.

Jones, E.（1955）. *Sigmund Freud: Life and Work, Vol. 2.* London: Hogarth Press. ジョーンズ（竹友安彦・藤井治彦共訳）『フロイトの生涯』新装版、紀伊國屋書店、1969

Jones, E.（1959）. *Free Associations: Memories of a Psycho-Analyst.* New York: Basic Books.

Jung, C. G.（1917）. The Psychology of the Unconscious Processes. In: Constance Long（Ed.）, *Collected Papers on Analytical Psychology,* 354-444. London: Baillière, Tindall & Cox, 1917, 2nd ed.

Jung, C. G.（1925）[1989]. *Analytical Psychology: Notes of the Seminar given in 1925.* W. McGuire（Ed.）. Princeton: Princeton University Press, Bollingen Series/London: Routledge.

Jung, C. G.（1930-1934）[1997]. *Visions: Notes of the Seminar given in 1930-1934,* two volumes. C. Douglas（Ed.）. Princeton: Princeton University Press, Bollingen Series.

Jung, C. G.（1932a）[1996]. *The Psychology of Kundalini Yoga: Notes of the Seminar given in 1932 by C. G. Jung,* S. Shamdasani（Ed.）. Princeton: Princeton University Press, Bollingen Series/London: Routledge. ユング（老松克博訳）『クンダリニー・ヨーガの心理学』創元社、2004

Eckermann, J. P. (1836). *Gespräche mit Goethe in den letzten Jahren seines Lebens, 1823-1832, 2* vols. Leipzig: Brockhaus. エッカーマン（山下肇訳）『ゲーテとの対話』上・中・下、岩波文庫、1968-69

Edinger, E. (1984). *The Creation of Consciousness: Jung's Myth for Modern Man.* Toronto: Inner City Books.

Eissler, K. (1982). *Psychologische Aspekte des Briefwechsels zwischen Freud und Jung.* Stuttgart: Frommann-Holzboog.

Ellenberger, H. (1964). La Psychologie de Carl Gustav Jung: à propos de son autobiographie. *L'Union Médicale du Canada*, 93.

Ellenberger, H. (1970a). *The Discovery of the Unconscious: The History and Evolution of Dynamic Psychiatry.* New York: Basic Books. エレンベルガー（木村敏・中井久夫監訳）『無意識の発見――力動精神医学発達史』上・下、弘文堂、1980

Ellenberger, H. (1970b). Methodology in Writing the History of Dynamic Psychiatry. In: G. Mora & J. Brand (Eds.), *Psychiatry and its History: Methodological Problems in Research,* 26-240. Springfield, ILL: Charles Thomas.

Ellenberger, H. (1993). *Beyond the Unconscious: Essays of H. F. Ellenberger in the History of Psychiatry,* M. Micale (Ed.). Princeton: Princeton University Press.

Ellmann, R. (1978) [1988] The Life of Sim Botchit. *A Long the Riverrun: Selected Essays.* London: Hamish Hamilton.

Elms, A. (1994). The Auntification of C. G. Jung. *Uncovering Lives: The Uneasy Alliance of Biography and Psychology* (chapter 3). New York: Oxford University Press.

Ermarth, M. (Ed.) (1991). *Kurt Wolff: A Portrait in Essays and Letters.* Chicago: University of Chicago Press.

Eysenck, H. (1963). Patriarch of the Psyche, *The Spectator*, 19th July, 1963.

Falzeder, E., Brabant, E. & Giampieri-Deutsch, P. (Eds.) (1993). *The Correspondence of Sigmund Freud and Sándor Ferenczi, Volume 1, 1908-1914,* Peter Hoffer (Trans.). Cambridge: Harvard University Press.

Falzeder, E. (1994). My Grand-Patient, My Chief Tormentor: a Hitherto Unnoticed Case of Freud's and the Consequences. *Psychoanalytic Quarterly,* 63: 297-331.

Falzeder, E. (Ed.) (2002). *The Complete Correspondence between Sigmund Freud and Karl Abraham: 1907-1925, Completed Edition.* London: Karnac.

Findlay, T. (1999) [2001]. *Pilgrim.* London: Faber.

Flournoy, T. (1900/1994). *From India to the Planet Mars: A Case of Multiple Personality with Imaginary Languages,* S. Shamdasani (Ed.), D. Vermilye (Trans.). Princeton: Princeton University Press.

Fordham, M. (1993). *The Making of an Analyst: A Memoir.* London: Free Association Books.

Forel, A. (1937). *Out of My Life and Work.* B. Miall (Trans.). New York: Norton.

Freud, S. (1914). On the History of the Psycho-analytic Movement. *S.E.* 14. London: Hogarth

文 献

● 本文献表は原書にもとづく。したがって、文献の原著の言語が異なる場合も、英語のタイトルのまま掲載している。

● 本書の趣旨と同様、邦訳もどの文献の翻訳であるのかは重要な問題であるが、今回は読者の便宜のために、底本が異なる場合も邦訳があれば掲載することとした。

*

Adler, G. (1963). The Memoirs of C. G. Jung. *The Listener*, 18th July, 1963.

Adler, G. (Ed.) (1973). *C. G. Jung Letters, Volume 1: 1906-1950,* with Aniela Jaffé, R. F. C. Hull (Trans.). Princeton: Princeton University Press, Bollingen Series/London: Routledge.

Adler, G. (Ed.) (1975). *C. G. Jung Letters, Volume 2:1951-1961,* with Aniela Jaffé, R. F. C. Hull (Trans.). Princeton: Princeton University Press, Bollingen Series/London: Routledge.

Baynes, H. G. (1940). *Mythology of the Soul: A Research into the Unconscious from Schizophrenic Dreams and Paintings.* London: Baillière & Co.

Bair, D. (2003). *Jung: A Biography.* New York: Little Brown.

Bennet, E. A. (1961). *C. G. Jung.* London: Barrie and Rockliff. ベネット（萩尾重樹訳）『ユングの世界——こころの分析とその生涯』川島書店、1973

Bennet, E.A. (1963). Jung's Inner Life. *British Medical Journal*, 2 (5360) : 804.

Bennet, E. A. (1966). *What Jung Really Said.* London: Macdonald. ベネット（鈴木晶・入江良平訳）『ユングが本当に言ったこと』思索社、1985

Bennet, E. A. (1982). *Meetings with Jung: Conversations recorded by E. A. Bennet during the Years 1946-1961.* London.

Bishop, P. (1998). On the History of Analytical Psychology: C. G. Jung and Rascher Verlag: Part 2. *Seminar,* 34: 354-387.

Borch-Jacobsen, M. & Shamdasani, S. (2001). Une visite aux archives Freud. *Ethnopsy: Les mondes contemporains de la guérison,* 3:141-188.

Borch-Jacobsen, M. & Shamdasani, S. (2006). *Le dossier Freud : Enquête sur l'histoire de la psychanalyse.* Paris : Empêcheurs de penser en rond.

Brome, V. (1978). *Jung: Man and Myth.* London: MacMillan.

Browne, J. (1995). *Charles Darwin Vol. 1, Voyaging.* London: Jonathan Cape.

Browne, J. (2002). *Charles Darwin Vol. 2, The Power of Place.* London: Jonathan Cape.

Calder-Marshall, A. (1963). Jung: the Saint of Psychology. *Time and Tide*, 11th-17th July, 1963.

Claudel, P. (1954). *Mémoires improvises.* Paris: Gallimard.

Covington, C. (2001). Comment on the Burghölzli Hospital Records of Sabina Spielrein. *Journal of Analytical Psychology,* 46 (1) : 105-116.

ラ・ワ行

ヤ行

マ行

ナ行

ハ行

カ行

サ行

タ行

索　引

＊ n は note の略で、脚注を示す。
＊人名の下の（年号）は、文献年号を表している。本書巻末の文献一覧と照合の上、活用されたい。

ア行

●監訳者

河合俊雄（かわい・としお）

1957年生。京都大学大学院教育学研究科博士後期課程中退。PhD.（チューリッヒ大学）、ユング派分析家。臨床心理士。現在、京都大学こころの未来研究センター教授。専攻は臨床心理学。著書に『概念の心理療法』『ユング』『心理臨床の理論』『京都「癒しの道」案内』（共著）『臨床家河合隼雄』（編著）『思想家河合隼雄』（編著）『発達障害への心理療法的アプローチ』（編著）など。

●訳　者

田中康裕（たなか・やすひろ）

1963年生。上智大学大学院文学研究科博士後期課程単位取得満期退学。博士（心理学）。ユング派分析家。臨床心理士。現在、京都大学大学院教育学研究科准教授。専攻は臨床心理学。著書に『魂のロジック』『心理療法とイメージ』（共著）『こころの科学の誕生』（共著）『「発達障害」と心理臨床』（共著）『発達障害への心理療法的アプローチ』（共著）など。

竹中菜苗（たけなか・ななえ）

1980年生。京都大学大学院教育学研究科博士後期課程研究指導認定退学。博士（教育学）。臨床心理士。京都大学大学院教育学研究科助教を退職後、現在、チューリッヒユング研究所留学中。専攻は臨床心理学。『発達障害への心理療法的アプローチ』（共著）、博士論文「暗闇への探究――循環する『闇』と『光』の心理臨床学的研究」、論文「自閉症児のプレイセラピーの可能性」「『見えないもの』への名づけとしての〈異人〉」など。

小木曽由佳（おぎそ・ゆか）

1983年生。京都大学大学院教育学研究科博士後期課程在籍中。日本学術振興会特別研究員DC。臨床心理士。専攻は臨床心理学。論文「個性化と多元的宇宙――ジェイムズ思想によるユング心理学再考」「ユング『タイプ論』とプラグマティズム――『個人的方程式（persönliche Gleichung）』としての諸類型」「C.G.ユング『個性化』論における他者性の問題――ユングの転移論による検討」など。

●著者……………………………………………………………

ソヌ・シャムダサーニ（Sonu Shamdasani）

1962年生。PhD.　専門は精神医学史・心理学史。現在、ユニヴァーシティ・カレッジ・ロンドンの医学史センター（Centre for the History of Medicine）教授。特にユングに関する著作、および『赤の書』をはじめとする編集で有名。主な著書に、『ユングと現代心理学の形成――科学という夢（Jung and the Making of Modern Psychology: The Dream of a Science）』（2003）、『カルトのフィクション：ユングと分析心理学の設立（Cult Fictions: C. G. Jung and the Founding of Analytical Psychology）』（1998）。

ユング伝記《でんき》のフィクションと真相《しんそう》

2011年7月1日　第1版第1刷発行

著　者……………………………………………………………
ソヌ・シャムダサーニ

監訳者……………………………………………………………
河　合　俊　雄

訳　者……………………………………………………………
田中康裕、竹中菜苗、小木曽由佳

発行者……………………………………………………………
矢　部　敬　一

発行所……………………………………………………………
株式会社 創　元　社
http://www.sogensha.co.jp/
本社　〒541-0047 大阪市中央区淡路町4-3-6
Tel.06-6231-9010　Fax.06-6233-3111
東京支店　〒162-0825 東京都新宿区神楽坂4-3 煉瓦塔ビル
Tel.03-3269-1051

印刷所……………………………………………………………
株式会社 太洋社

©2011, Printed in Japan ISBN978-4-422-11509-2

落丁・乱丁のときはお取り替えいたします。

JCOPY 〈㈳出版者著作権管理機構 委託出版物〉

本書の無断複写は著作権法上での例外を除き禁じられています。
複写される場合は、そのつど事前に、㈳出版者著作権管理機構
（電話03-3513-6969、FAX03-3513-6979、e-mail: info@jcopy.or.jp）
の許諾を得てください。

赤の書

THE RED BOOK
LIBER NOVUS

半世紀の眠りから、いま目覚める

C・G・ユング［著］

ソヌ・シャムダサーニ［編］

河合俊雄［監訳］

田中康裕・高月玲子・猪股 剛［訳］

A3判変型・上製・456頁

特製化粧函入・特別仕様豪華本

定価 42,000円（税込）